AF284352

Impressum:

Ein bisserl was geht immer

Von Caro Richter

Autor: Caro Richter
Co-Autor: Frank Xavier

© 2014, Eva Ehrl
Alle Rechte vorbehalten

Buchcover, Illustration und Bilder: Frank Xavier, Visions of Energy

Herstellung und Verlag:
BoD – Books on Demand, Norderstedt

ISBN: 9783755736035
3. Auflage, 2022

MIX
Papier aus verantwortungsvollen Quellen
Paper from responsible sources
FSC® C105338
FSC
www.fsc.org

... *vorwort* ... *über mich* ...

... über sich selbst zu schreiben, ist ungemein schwierig ... entweder man beschreibt sich zu gut, dann klingt es überheblich oder man betreibt understatement, dann kommt man schlecht weg ... demnach beschreibe ich mich gar nicht ... nur ein paar pragmatische angaben zu mir ... jahrgang 1950 ... frisch verheiratet ... zum zweiten mal ... vier erwachsene kinder ... ich lebe in niederösterreich ... schreiben ist mein hobby und dies ist meine erste geschichte ... weitere sollen folgen ...

caro richter

Anmerkungen zur 3. Auflage 2022
Wir sind aktuell im 10. Jahr unserer Beziehung und vieles hat sich getan. Eines ist gleich geblieben: Unsere Liebe ist immer noch so stark als am Beginn. Vieles ist in der Zwischenzeit passiert und manches hätte tragisch enden können. Doch Hand in Hand haben wir alle Hürden genommen. Im nächsten, dem dritten Band werden wir davon berichten.
Caro & Frank

für

... frank ....

Abbildung 1: Twins

... warum ...

... schreibe ich dieses buch ... einfach zu beantworten ... für meinen geliebten mann ... es ist die liebesgeschichte zweier ungewöhnlicher menschen ... ein pragmatischer wirtschaftler ... totaler beziehungsverweigerer und eine sensible, gefühlsbetonte, beziehungssüchtige krisenexpertin treffen aufeinander ... kann wohl niemals funktionieren meinen sie ... weit gefehlt ... aber lassen sie sich überraschen ...

in der zweiten auflage haben wir die idee gehabt, frank zu wort kommen zu lassen über seine sicht der dinge ...

... das ergebnis wird sie überraschen, oder auch nicht ...

Abbildung 2: Fischerhütte am See

... *oh mein gott ... (caro)*

es war einmal ... so fangen alle märchen an ...

oder besser gesagt, haben alle märchen einmal begonnen ... bekanntlich gibt es diese ja gar nicht, oder? ... in meinem fall ist dem nicht so ... ich glaube wieder daran ... an den zufall ... die vorsehung ... das schicksal ... was auch immer ...

ich habe mich noch gar nicht vorgestellt ... ich bin ein altes mädchen ... blödsinn ... alt vielleicht ... mädchen nicht mehr oder nur noch ein wenig in manchen situationen ... mein name ist caro ... abkürzung von caroline ... hat also nichts mit der spielkarte zu tun ... ich hasse kartenspiele ... das leben hat mich mit allen spielarten und facetten versorgt ... ich habe eigentlich gedacht ... da kommt nix mehr ... man denkt immer viel zu viel ... es kommt ja doch anders ... in meinem fall war es jedenfalls so ...

eines tages ging ich mit meiner freundin adele an der donau entlang ... warf ihrem hund stöckchen ... und hatte das gefühl ... so jetzt bist endgültig alt ... das machst du jetzt für den rest deiner tage ... eine tolle aussicht ... ich fühlte mich gleich 10 jahre älter ... da sagte meine freundin warum machst du keinen tanzkurs ... da kommst du unter die leute ...

gut und schön, aber ohne partner ... ich sah mich schon im single-tanzkurs ... zwanzig frauen und ein mann ... jede blickt gierig auf den einzigen verfügbaren ...

nein danke ... was tun ... da hatte ich die zündende idee mich auf einer tanzpartner-börse im internet zu registrieren ... meine hoffnung auf diese weise einen passenden partner zu finden war gleich null ... man soll sich nicht täuschen ...

gleich einen tag nach der einschreibung fand ich eine nette anzeige ... ein zigarrenraucher, aber man soll wohl nicht so pingelig sein ... schließlich würde er mich wohl nicht am tanzparkett anqualmen ... ich teilte meine telefonnummer per mail mit und dachte der meldet sich wohl nie ...

wieder getäuscht ... er rief an und die stimme klang ganz sympathisch ... wir verabredeten uns für den nächsten tag zum gegenseitigen beschnuppern ... meine hoffnung war gemischt ...

auf einem großen parkplatz an der donau sollte das erste treffen stattfinden ... 1900 uhr ... wie würden wir uns erkennen ... an der automarke ... die gute alte rose oder zeitung ist schließlich nicht mehr modern ... mein erstes blind date ... ich war ein wenig nervös muss ich zugeben...

dreimal wechselte ich mein outfit ... was zieht man an, wenn man den mann nicht kennt ... keine ahnung ... schwarz ist immer gut und nicht zu sexy... oder doch? ...

gesagt, getan ... pünktlich war ich da ... es war bereits dunkel ... das ist immer gut ... da sieht man nicht so scharf ... mein date war auch schon da ... und wir gingen über den parkplatz aufeinander zu ...

high noon ... mein herz klopfte ziemlich heftig ... ich habe keine praxis in diesen dingen ... da standen wir uns gegenüber ... ein typ mit brille, grauer frisur, trachtenanzug ... nicht mein fall ... dachte ich im ersten moment ... da überfiel mich ein anfall von verwegenheit und ich küsste ihn auf die wange ... nun ... er roch gut ... ein punkt für ihn ...

kurze zeit später saß ich in seinem auto ... unterwegs zu einem heurigen ... auf dem sitz lag ein halbedelstein ... wohl ein überbleibsel meiner vorgängerin ... was solls ... ich will ihn ja nicht heiraten ... dachte ich ... das lokal war total voll und wir bekamen doch noch einen platz im raucherzimmer ... wie toll für mich ... morgen rieche ich geselcht ... dachte ich mir ...

nun der mann an meiner seite entpuppte sich als guter gesellschafter und hatte eine fabelhafte gabe geschichten zu erzählen ... er sagte mir natürlich seinen namen ... frank ... der name passte gar nicht zu seinem outfit des pragmatischen geschäftsmannes ... unglaublicherweise verlief der abend sehr anregend und er punktete mit seiner art und weise ...

als ich gegen 2300 uhr in meinem bett lag schickte er mir noch ein sms mit ein paar netten worten ... alles in allem doch keine leeren kilometer...

meine erfahrungen mit diversen herren in der vergangenheit waren nicht die besten und meine hoffnung auf etwas besseres gleich null ... na schauen wir mal wie es weitergeht ... wenn es überhaupt weiter geht ...

..nun es ging weiter ... wir vereinbarten ein date in seiner wohnung zum probetanzen ... seine behausung war dafür wohl besser geeignet als meine einzimmerwohnung ...

es war ein sonntagabend ... leicht nervös kam ich dort an ...eine stadt dreißig kilometer entfernt von meinem wohnort ... eine altbauwohnung im ersten stock eines jugendstilhauses ... das ambiente sehr ansprechend ...

tolle musik ... nun die ersten tanzversuche ... er tanzte entschieden besser als ich ... zeitlebens hatte ich mich mehr nach gefühl als nach schrittfolgen bewegt ... mein partner eher das gegenteil ... na das kann ja heiter werden, dachte ich so bei mir...

wir tanzten die verschiedensten rhytmen ... ich hatte alle mühe mich seiner führung anzuvertrauen ... ich hasse führung jeder art ... nun ... der abend wurde dann doch noch ein erfolg, doch ganz anders als ich mir vorgestellt hatte ...

wir schafften es zwar nicht stilistisch perfekt zu tanzen, doch körperlich kamen wir uns immer näher ... ich kann mich überhaupt nicht mehr ganz klar erinnern, wer in diese Richtung gesteuert hat, doch schlussendlich landeten wir in seinem Schlafzimmer ... dort wollte ich in keinster weise hin, doch irgendwie hat es sich ergeben ... schön blöd gelaufen ... das ist wohl wieder so ein abstauber, der ein schnelles abenteuer sucht, dachte ich ... naja schnell war er nicht, ein abenteuer wurde es auch nicht und ein abstauber war er auch nicht, zumindest in späterer folge nicht, doch das wusste ich damals noch nicht ...

zunächst hatte ich alle mühe meine gefühle zu sortieren ... war gar nicht so einfach ... sie überrollten mich, sowie eine anfängerin beim wellenreiten ... meine gedanken waren völlig konfus ... na hoffentlich hat er keine schwarzen haare auf der brust ... ich war etwas neben mir ... schließlich hatte ich einen partner zum tanzen gesucht und plötzlich lag ich in einer fremden stadt, in einem fremden bett mit einem wildfremden mann ... na gute nacht ... und das mir ... wo ich geglaubt hatte, mir wäre schon allerhand passiert im leben ... tja manchmal kann zu viel denken sehr hinderlich sein ...

die nacht wurde sehr ansprechend ... ich will nicht ins detail gehen ... das soll der fantasie überlassen werden, doch der abschluss war doch sehr bemerkenswert ... mein neuer tanzpartner griff in den schrank ... zog eine daunendecke hervor und meinte ... da hast eine tuchent ... ich habe keine lust die ganze nacht mit dir um die decke zu catchen ... ich sagte etwas perplex ... sehe ich so aus ... er erwiderte lakonisch . . . . . jaaaa ... na dann gute nacht ... drehte sich um und schlief ein ...

ich blickte auf seinen breiten rücken und mir war etwas komisch im magen ... auf was hatte ich mich da bloß eingelassen ...

das sollte ich noch merken ... es gab sogar frühstück am morgen ... das wunderte mich doch einigermaßen, hatte er mir doch mitgeteilt er sei ein eingefleischter morgenmuffel und jegliche ansprache wäre unerwünscht und ich überlegte scharf, ob ich mich nicht im morgengrauen wegschleichen sollte ... naja auch nicht die feine englische art ... so habe ich standhaft durchgehalten ...

kein smalltalk ... als ich zum abschied sagte ... oh, mein gott, worauf habe ich mich da bloß eingelassen sagte mein gegenüber ... ich müsste ja nicht gleich so übertreiben ... denn ein bisschen was geht immer ... das saß ... den ganzen heimweg habe ich mich gefragt, wie das wohl zu verstehen war...

nun ich sollte noch mehr erleben ...

... oh mein gott (Frank)

Ich ganz sicher nicht. Weil ich pragmatisch bin. Weil ich ein Wirtschaftler, Unternehmensberater und Coach bin. Und weil mir meine Erfahrung gezeigt hat, dass Märchen zum Vorlesen geeignet sind – und auch ganz gern gehört werden. Hauptsächlich von Damen, wenn ich nächtens das Vorlesen beginne.

Weil dann geht immer ein bisserl was!

Eines schönen Tages fällt mir ein, dass ich gerne tanzen würde. Aber woher die Partnerin nehmen – Solo ist das ja dann doch nur halb so lustig.

Im Internet stoße ich auf eine Plattform und probiere spontan hier mein Glück.

Meine Absicht ist wirklich nur Tanzen – schließlich bin ich nach 30 Jahren in fixer Beziehung froh, wenn ich endlich so leben kann wie ich will. Endlich habe ich meine eigene Wohnung wo mir niemand dreinredet, kann tun und lassen was ich will – fortgehen und heimkommen, ohne dass mir jemand Vorhaltungen macht – nie wieder kommt mir eine Frau länger als ein paar Stunden ins Haus – und NIE – ich betone NIE, werde ich mein Leben wegen einer Frau aufgeben und ändern. NIE.

Nach einigen Anfragen und Geschreibsel – einmal sogar ein Treffen zum Tanz (nur zum Tanz) flattert wieder eine Antwort herein. Dame aus Krems (gut ist nicht zu nahe), im richtigen Alter, begeisterte Tänzerin mit Nachholbedarf – Telefonnummer. Klingt ordentlich.

Soll ich anrufen?

Na klar. Ein bisserl was geht immer!

Also ran ans Telefon. Sie hebt nach dreimal läuten ab – sympathische Stimme – und wir verabreden uns zum ersten „beschnuppern" – Freitag, 19 Uhr – Lokal ist bekannt.

Was ziehe ich an. Na ja – ich werde mich gediegen und solid geben – Trachtenjacke, schwarze Hose, Krawatte. Passt. Ein Blick in den Spiegel – Ein Rasierwasser. Pastillen gegen den Rauchgeschmack. Und los geht es. Sie hat am Telefon gesagt, dass sie nichts gegen Raucher hat – ich will da gleich von Anbeginn alles klar machen, ich werde das Rauchen nicht aufhören.

Also gut – Parkplatz erreicht, niemand ist zu sehen – ich stelle mein Auto ab. Die Nummer habe ich gespeichert – ich rufe an, gleich hebt sie ab – und sie steht vis a vis – ca. 100 m entfernt.

Ich gehe auf sie zu – schaut nett aus – wir begrüßen uns und sie gibt mir einen Kuss auf die Wange. Erster Kontakt ist in Ordnung. Wir machen weiter.

Wir fahren zu einem Heurigen in der Nähe – mit Raucherraum.

Im Auto fällt ihr als erstes ein Teil eines Ohrringes auf, der in der Mittelablage liegt. Verdammt, ich habe keine Ahnung von wo der herkommt. „Ist das von Deiner Freundin?" – was soll die Frage? Ich antworte „Keine Ahnung". Nicht sehr überzeugend.

Wir unterhalten uns ganz gut – erzählen von unseren Leben. Sie ist ebenfalls überzeugte „Single" – super. Das passt. Außerdem ist sie eine attraktive Frau, hat einen tollen Gang, spricht gut und man kann sich sehr gut mit ihr unterhalten.

Im Laufe des Abends vereinbaren wir einen Probetanztermin am Sonntag in meiner Wohnung in St. Pölten. Passt.

Ich schicke von zu Hause noch ein „Gute-Nacht-SMS". Schließlich weiß man ja, was sich gehört.

Sonntagabend. Am Nachmittag habe ich noch einige Musikstücke rausgesucht, die sich zum Tanzen eignen. Schnell die Küche gesäubert, Geschirr gewaschen. Was sich halt so gehört.

Gegen 17 Uhr klingelt das Handy. Sie sei in der Nähe und wo denn meine Wohnung sei. Ich mache einen Treffpunkt – nahe bei meiner Wohnung – ich hole sie ab.

Sie ist von meiner Wohnung angetan – na bin ich froh. Wir trinken noch einen Kaffee und dann ab ins Wohnzimmer und die Musik an – vorsichtige Annäherung und wir bewegen uns im Takt der Musik.

Sie bewegt sich gut – und ziemlich erotisch – hat aber ein Problem mit der Führung – was mich zwingt, sie ein wenig enger zu führen.

Anschmiegsam, riecht gut, scharfe Figur. Ach was soll's – warum eigentlich nur Tanzen.

Und es kam wie es kommen musste ... vom Wohnzimmer tanzen wir schnurstracks in Schlafzimmer. Wie schon gesagt „ein bisserl was geht immer".

Wir verlebten einige wirklich angenehme Stunden. Details lassen wir weg – durchaus wiederholenswert.

Ein wenig verunsichert war ich, als sie keine Anstalten machte um nach Hause zu fahren. Ich hatte nicht damit gerechnet, dass sie bei mir zu übernachten gedenkt. Aber ok, wenn sie mag, gerne.

Ich mache sie noch mit meinen Eigenschaften vertraut – Morgenmuffel, Schnarcher, usw. Auch das scheint sie nicht zu stören. Na dann.

Aber nicht unter meiner Tuchent. Ich teile alles, aber ich raufe sicher nicht um meine Tuchent. Also bekommt sie eine von mir und ich halte das für äußerst zuvorkommend von mir. Und sie wahrscheinlich auch.

Gut damit sind die Fronten klar. Es ist mittlerweile weit nach Mitternacht. Schlafenszeit. Gute Nacht mein Hase. Schlaf gut. Bis morgen. Ich schlafe sofort ein.

Am Morgen – Frühstück zu zweit. Ungewöhnlich für mich – aber nicht unangenehm. Sie ist eine gute Zuhörerin – ich ein Muffel am Morgen.

Sie fährt am Vormittag nach Hause. Ich bin wieder alleine. So wie geplant. Und. Warum fühle ich mich dann so alleine.

Sei nicht sentimental alter Idiot, das Mädel wird noch ein paar Mal zum Tanzen kommen, dann bist Du wieder mal wochenlang unterwegs und es wird sich auslaufen – wie immer, mit mir hält es sowieso keine aus. Schon gar nicht, so eine „Klassefrau", die wird bald erkennen, dass ich ein alter „Grandscherm" bin und sonst auch nicht mit viel aufwarten kann. Reisen, Luxus, Geschenke. Nicht von mir. Wenn dann leiste ich mir selber was, ich bin doch nicht blöd, dass ich auch noch Damen sponsere.

Wenn sie das mitbekommt, wird sie sich bald andere „Weidegründe" suchen. Recht so. Sollen doch die anderen zahlen. Ich habe meinen Spaß gehabt.

Aber schade ist es schon. Eigentlich mag ich sie. Na schauen wir mal. Ich werde sie zum „Spazierengehen" einladen, dann sehe ich gleich, wie sie reagiert. Entweder sie macht mit oder nicht.

Aber insgeheim denke ich schon, dass ich mich mehr um diese Frau bemühen sollte.

„He Alter" – mein Alter Ego meldet sich. „Hast Du einen Sprung in der Schüssel? Single bleiben ist angesagt".

Ist ja schon gut, aber „Spazierengehen" wird man ja noch dürfen. Oder?

Hoffentlich sagt sie ja.

Abbildung 3: Ein Turm von Göttweig

... göttweig ... (caro)

... am nächsten tag bekam ich am späten nachmittag einen anruf von frank ... willst mit mir spazieren gehen? ... dann treffen wir uns in göttweig ... ein kloster auf einem kleinen hügel in der wachau ... sehr idyllisch gelegen ... etwas überrascht sagte ich ja ... ich hatte meinem verhinderten tanzpartner nicht zugetraut auf spaziergänge rund um klostermauern zu stehen ... ja, ich sollte mich noch oft in ihm täuschen ... das war nur der anfang ... ich hatte gerade eine wilde diskussion mit meiner betagten mutter hinter mir, die in einem altersheim lebt und war entsprechend schlecht drauf ... als ich die serpentinen zum kloster hochfuhr, waren meine gefühle sehr gemischt ... was will der bloß von mir ... er stand schon auf dem parkplatz ... eine kamera um den hals ... küsste mich flüchtig und erklärte mir ... er wolle ein paar fotos machen ...

einen augenblick glaubte ich von mir ... nein wieder falsch von der gegend natürlich ... der ausblick war wirklich wunderbar ... das ganze donautal ... milde abendsonne auf den klostertürmen ...

teilweise noch schneeflecken auf den wegen ... frank fotografierte unentwegt und erzählte ein wenig von seinem leben als bergbauernsohn in oberösterreich ... dem kargen leben dort ... der schweren kindheit und seiner familie, von der es nur noch die schwester gab ... es war anregend mit ihm zu plaudern ...

zwischendurch ein paar launige bruchstücke aus seiner vergangenheit ... seinem wunsch danach einmal priester zu werden ... der überlegung, es doch nicht zu übertreiben mit dem glauben und dem versuch der moral ein schnippchen zu schlagen, indem er eine seiner zahlreichen freundinnen im angesicht dieser heiligen mauern verführte ... dieser mann war ein einziges rätsel ... er überforderte mich total ... seine gegensätzlichkeit ... sein sarkasmus in gewissen dingen ... dann wieder überraschend

sentimental und feinsinnig ... ich kannte keinen vergleichbaren menschen in meinem leben ...

ich konnte mich seiner gegenwart und der starken körperlichen anziehung kaum entziehen ... diese gefühle waren mir sehr fremd ... natürlich hatte ich schon viel erlebt ... war lange zeit verheiratet ... habe vier erwachsenen kinder und fühlte mich wie ein hilfloser teenager ... es ist schon sehr merkwürdig wie das schicksal so spielt ... ich betrachtete ihn von der seite ... er hatte sich in eine schwarze lederjacke gehüllt ... einen schal um den hals und irgendwie sah er heute jünger aus ... flotter ... trotzdem überhaupt nicht mein typ ...

oder doch? ... meine gedanken fuhren achterbahn mit mir ... so verwirrt war ich schon lange nicht mehr ... der mann neben mir erzählte mir über die geschichte des klosters, den baustil usw ... ich hatte alle mühe mich zu konzentrieren ... nach einiger zeit ...

meine füße waren schon etwas eingefroren … schließlich war anfang märz, langten wir am ausgangspunkt an … frank küsste mich, bedankte sich und nach einem freundlichen bis bald … entschwand er mit seinem wagen …

ich saß noch längere zeit in meinem auto und versuchte diesen mann einzuordnen … ohne erfolg … er war mir ein rätsel … das sollte ich in späterer folge noch oft denken …

… göttweig … (Frank)

So jetzt muss ich nachdenken. Zwei Tage sind vergangen, dass ich mich mit Caro zum „Tanzen" getroffen habe.

Sie geht mir nicht aus dem Kopf und ich muss oft an sie denken. Ach egal.

Ich ruf an – ein Spaziergang kann nicht schaden. Es ist ein schöner Tag – Göttweig ein schöner Platz. Viele Erinnerungen.

„Hallo Caro – willst Du mit mir einen Spaziergang in Göttweig machen? Ich bin in cirka einer Stunde dort"

Sie hat tatsächlich „Ja" gesagt. Hhm. Gut ich packe meine Kamera ein – die habe ich ja immer mit und manchmal habe ich das Gefühl, dass ich die Welt mehr durch das Objektiv sehe als mit meinen Augen.

Was soll ich anziehen? Werde mich mal locker und lässig geben. Nicht weil ich sie beeindrucken will, aber ein wenig stylen kann man sich schon. Rasierwasser nehme ich auch.

Es ist ein wunderschöner Frühlingstag – 3. März – schön langsam wacht die Natur auf – noch liegt ein wenig Schnee.

Caro ist schon da, als ich ankomme. Wir küssen uns. Mhm, schmeckt gut.

Ich kann mich nicht mehr an alle Details erinnern – nur dass wir sehr viel und sehr angenehm gesprochen haben – Caro ist es gelungen mich „zum Reden zu bringen". Ich bin ja sonst eher verschlossen, höre lieber zu, bin nicht so der „Small-Talker". Aber bei ihr ist das anders.

Ich lasse mich sogar dazu verleiten, eine kleines Erlebnis der erotischen Art zu erzählen, dass ich unter den Mauern von Stift Göttweig hatte.

Ich habe wunderbare Fotos gemacht, das Licht war herrlich, tolle Stimmung.

Wir sind dann am Ende unseres Spazierganges an der Balustrade gestanden und haben diesen herrlichen Blick ins Donautal und über die Weinberge genossen.

Ich genieße die Gesellschaft von Caro. Ein Gefühl, dass ich sonst eher nicht habe. Eigentlich will ich mich gar nicht trennen von ihr – aber nein.

Ich fahre nach Hause. Werde doch nicht auf meine alten Tage sentimental werden.

Also Kuss zum Abschied – tschüss - es war sehr schön, es hat mich sehr gefreut.

Abbildung 4: Phantasie

... aktmalerei ... (caro)

... einladung zu einer vernissage ... tolle aktbilder ... kann man dazu einen mann einladen, den man nur kurz kennt ... nunja warum nicht ... ich rief frank an und fragte ihn, ob er lust hätte ... er sagte spontan zu ... die veranstaltung war in der bibliothek angesetzt, deren leitung eine jugendfreundin von mir hat ... 1900 uhr ...

es waren schon viele leute anwesend ... ich war nervös ... wie sollte ich ihn vorstellen ... mein freund, mein lover, ein bekannter ... nichts passte ... zu allem überfluss wurde auch noch meine freundin adele kommen ... ihre scharfe zunge ist legendär ... ..ich begann leicht zu schwitzen ...

nun vielleicht findet er nicht her ... oder er hat es sich überlegt ... dachte ich hoffnungsvoll ... nein   ...   knapp vor sieben vibrierte mein handy ... wo ist hier der eingang ...

er war also doch erschienen ... in leder gewandet, dezent duftend marschierte er selbstsicher die stiege herauf ... ich war bei weitem nicht so souverän wie ich tat ... stellte ihn vor und schlenderte mit ihm von bild zu bild ...

fachmännisch kommentierte frank die bilder und ich konnte mich so überhaupt nicht entspannen ... ich hatte keine ahnung, was mich an diesem mann so unsicher macht ... sein auftreten ... seine unverbindlichkeit ...

seine art und weise flüchtig meinen rücken zu streifen ... ich hatte gewisse fluchttendenzen ...   gottseidank erschien meine freundin adele auf der bildfläche ... sie verwickelte frank in ein unverbindliches gespräch und die beiden verstanden sich auf anhieb ...

ich holte zwei gläser zu trinken und bei nussbrot und einem glas wein konnte ich mich endlich freuen ... über die gute stimmung ... den mann an meiner seite und das schöne ambiente ... es war einfach stimmig ...

nach etwa einer stunde beschlossen wir noch einen kaffee trinken zu gehen in mein lieblingscafe ...

wir tranken espresso und wie bestellt, spielten an diesem abend studenten jazz life ... wir stellten fest, dass dies eine unserer lieblingsmusik ist ... irgenwie begannen unsere herzen auf der gleichen ebene zu schlagen ...

er hielt meine hand und das erste mal hatte ich das gefühl ... ich würde ihm wichtig sein und nicht nur eine flüchtige affäre ... aber man kann sich so manches einreden ...   nach entspannten zwei stunden gingen wir richtung tiefgarage ...

beim eingang hing ein kinoplakat ... nachtzug nach lissabon ... ein neuer film ... dem cafe ist ein kino angeschlossen ... spontan sagte ich ... willst du am sonntag mit mir frühstücken gehen und anschließend diesen film ansehen ... er freute sich und sagte zu ...

bei meinem auto angekommen, umarmte er mich noch und damit war der abend gelaufen ... zurück blieb ich ... mit gemischten gefühlen ... chaotischen gedanken ...

ich war mir überhaupt nicht im klaren, was da alles auf mich zukommen würde und ich muss gestehen, ich hatte große angst ... am meisten vor mir selbst und dass ich mich wieder in eine geschichte verstricken könnte, aus der ich dann nur schwer herauskommen würde ....

doch schauen wir mal ...

... aktmalerei ... (Frank)

Die Tage vergehen, wir telefonieren, treffen uns bei mir. Ich bin beruflich ziemlich eingespannt und kann mich nicht wirklich auf Caro konzentrieren – derzeit beschäftigen mich auch noch ein paar geschäftliche Herausforderungen.

Spannend. Caro hört mir zu, wenn ich ihr von meinen Problemen erzähle - und sie kann mich verstehen.

Eigentlich müsste sie ja mit fliegenden Fahnen Reißaus nehmen. Ich bin ja nun nicht wirklich der Typ Mann, der Beständigkeit, Verlässlichkeit und auch finanzielle Solvenz verspricht. Warum noch immer?

Dann ein Anruf. „Hast Du Lust mich auf eine Vernissage zu begleiten? In Krems. Es geht um Zeichnungen, genauer gesagt Akte. In der Stadtbücherei."

Klingt gut. Klar habe ich Lust. Aber – da werden sicher Bekannte von Caro dort sein. Ich mag nicht „vorgestellt" werden. „Hallo, meine Lieben, das ist mein neuer Freund...."

Ähem ... ich bin kein neuer Freund. Und wenn mich dann so ein paar Tussi's von oben bis unten mustern und taxieren. Beim Nachhause gehen sich dann das Maul zerreißen. „Hast Du den neuen Freund der Caro gesehen....?" und so weiter. Nein Danke.

Aber andererseits – ein bisserl Gesellschaft kann auch nicht schaden.

Also dann – auf in den Kampf Torero. Heute schmeiß ich mich in die Lederdress – aber stilvoll, elegant. Sollen den Kremser Mädel's (haha) ruhig die Augen aus dem Kopf fallen. Schuhe putzen, rasieren, Gel in die Haare, Rasierwasser nicht vergessen (Caro riecht das gerne) und ab.

In Krems angekommen – wo ist die Bibliothek? Anrufen werde ich sicher nicht – mach mich doch nicht lächerlich! So gefunden.

Sie wartet vor dem Eingang, 19 Uhr hat sie gesagt. Wer ist nicht da. Dreimal darf man raten. Nun gut. Handy. „Hallo – ich bin beim Eingang" – „Ok – ich hole Dich ab." Na super. Meine Laune sinkt. Soll mir vielleicht schnell schlecht werden, oder Kopfweh haben oder was weiß ich?

Sie kommt die Stiegen runter. Ui. Elegant. Von oben bis unten eine Lady. Nimmt mich bei der Hand, küsst mich.

Langsam gehen wir ins Obergeschoß in die Bücherei. Plaudern über die Fahrt. Sie erscheint mir sehr locker und selbstbewusst.

Die Ausstellung ist im Anschluss an die Bibliothek in zwei kleinen Sälen untergebracht. Nun beginnt der Spießrutenlauf. Bücher mag ich ja sehr gerne. Auf die berühmt einsame Insel würde ich nur Bücher mitnehmen wollen und sonst nichts. Bis heute.

Kurze Vorstellung bei der Leiterin der Bibliothek, dann rein in den Haufen. Alles Damen und Herren in meinem / unserem Alter. Distinguiert. Small-talkend.

Ich sehe mich um. Auf den ersten Blick niemand den ich kenne. Nicht dass ich mich mit Caro nicht zeigen will, aber irgendwie bin ich doch froh kein „Servus, was machst Du da?" oder ähnliches zu hören.

Wir blicken uns kurz um. Caro erblickt eine Freundin. Wir gehen zu ihr. Caro: „Hallo Adele, darf ich vorstellen mein Mann ...."

Wie kann man es in den Bubbles von Comic's so schön lesen: „Klirr, Krach, Bumm, Bliiitzzzzz." So ungefähr geht es jetzt in meinem Kopf zu. „Habe ich Mann gehört? Wo?" Ich denke die spinnt, die Caro. Lädt mich zu einer Vernissage ein und nimmt ihren Mann mit. Abgesehen davon, war ich der festen Meinung, sie sei Single. Ihr Mann. Na Super.

Die Freundin – eine nette ältere Dame, sehr gepflegt, mit einem schalkhaften Glitzern in den Augen, wendet sich mir zu „Hallo Frank, das freut mich aber. Ich bin Adele." Schwindel.

Wie war das? Hat die Caro mit „mein Mann" mich gemeint. Jetzt dämmert es mir. Die hat mich als ihren Mann vorgestellt. Mich. Den niemals-wieder-werde-ich-heiraten Super-Sonderling-Single-Leben-Verteidiger. Mein Mann. Na der werde ich was erzählen. Wie kommt die dazu?

Aber der Abend geht weiter, wir schlendern Hand in Hand durch die Ausstellung. Aktbilder. Schon bessere gesehen. Die Natur gefällt mir besser. Und Caro auch. Ich spüre ihren Körper an meinem. Anschmiegsam. Warm. Unsere Hände halten sich.

Wir schlendern wieder zurück. Im Vorraum ein kleines Buffet. Dann die Ansprachen. Grottenschlecht. Die Menschen können einfach nicht reden.

Adele war noch da. Ich unterhielt mich mit ihr. Sehr belesen, sehr intelligent. Gute Unterhalterin.

Caro holte uns was zu trinken. Alles in allem gute Stimmung.

Wenn da nicht dieses „mein Mann…" wäre. Aber eigentlich auch nicht mehr ärgerlich. Ich habe das Attribut „mein Mann" beinahe vierzig Jahre nicht gehört – es auch nicht hören wollen.

Aber heute. Na schauen wir mal.

Nach der Ausstellung gingen wir noch auf einen Kaffee, dann trennten sich unsere Wege. Der nächste Tag wird anstrengend. Ich fuhr gleich nach Hause. Verabredung. Kuss.

Nachdenklich saß ich im Auto und gondelte heimwärts.

Interessant. Mein Mann. Hmmm.

Abbildung 5: Phönix

... nachtzug nach lissabon ... (caro)

... ostersonntag ... wir hatten die vergangene nacht zusammen verbracht und starteten daher gemeinsam zu unserem kinofrühstück ... als ich aus dem fenster sah, traf mich fast der schlag ... über nacht hatte es geschneit und zwar mindestens dreißig cm ... na, happy easterbunny ... ostereier im schnee ... bevor wir wegfuhren mussten wir noch das auto ausgraben ... im kino angekommen, frühstückten wir genüsslich mit allem was dazu gehört ... schinken, ei, gebäck, orangensaft, prosecco und kaffee ... um 1200 Uhr startete der film ... meine gefühle waren gemischt ... ich kannte den inhalt ... frank nicht ... es war eine gratwanderung der gefühle, die der hauptdarsteller erlebte und der film war wirklich zu herzen gehend in seiner sensiblen aussage über vergangenheit und selbstfindung ... ich wusste, dass frank eine schwierige kindheit hatte und sich nur schwer damit aussöhnen konnte... es war ein überaus heikles thema für ihn und die wunden noch nicht verheilt ... mir war bewusst, dass er die botschaft des films sehr gut verstehen würde, nur seine reaktion darauf war nicht abzuschätzen ... das konnte erheblich ins auge gehen ... nach ende des films tranken wir noch einen espresso im kinocafe ... frank war sehr schweigsam und ich fragte ihn auch nicht wie ihm der film gefallen hätte ... er sagte nur beiläufig ... die handlung war auf mich zugeschnitten ... da wusste ich ... die botschaft war angekommen ... wir verließen das kino und beschlossen noch ein wenig an der donau spazieren zu gehen ... der schneefall hatte aufgehört und sogar die sonne blinzelte hervor . . . leider war es sehr frostig ... frank holte seine kamera aus dem auto, die hat er immer mit ... schließlich ist er ein begeisterter hobbyfotograf ...

er machte viele fotos ... vom wasser , von den bäumen ... wir trennten uns, ohne eine neue verabredung ... ich fuhr leicht deprimiert nach hause ... ja es ist nicht leicht mit einem menschen in eine beziehung zu treten, der über weite strecken seines lebens alleine gelebt hat ... nie verantwortung für einen anderen übernehmen wollte ... sich immer gefühle verboten hat, nur um nicht verletzt zu werden ... aber für mich war es bereits zu spät ... ich war in die emotionale falle getappt und hatte mich in diesen schwierigen, aber außergewöhnlichen menschen verliebt ... spät nachts bekam ich ein email von frank, wo er sich für den schönen tag bedankte und im anhang war ein foto, das er nachmittags gemacht hatte ... es war kein gewöhnliches foto, sondern das erste foto einer wunderbaren reihe von teils naturalistischen, teils abstrakten bildern ... mein erster gedanke war ein kranich in einem waldbrand, doch dann dämmerte es mir ... es war ein phönix ... der phönix aus der asche ... er hatte dieses bild bearbeitet und herauskam das thema seines lebens ... mit diesem tag begann sein neues leben ... unser leben ...

... nachtzug nach lissabon ... (Frank)

Die Zeit lief mit Riesenschritten. Bald war Ostern. Wir waren viel zusammen, meine Caro und ich. Drei bis vier Tage in der Woche war sie bei mir. Wir sind verliebt, verspielt, glücklich. Diskutieren nächtelang. Eine schöne Zeit des zueinander Findens.

Für den Ostersonntag hatten wir einen Kinobesuch geplant. Mit einem schönen Frühstücks-Brunch davor. Nettes Ambiente. Schinken, Ei, Gebäck. Stimmige Musik.

Der Film „Nachtzug nach Lissabon" ging mir ganz tief. Er machte mich betroffen. Es ging um Heimat, Wurzeln, Vergangenheit, Selbstfindung.

Das alles hat in mir Stürme der Gefühle entfacht. Zweifel, Nachdenklichkeit über das Woher und Wohin. Speziell zu diesem Zeitpunkt – geschäftlich am Scheideweg, mein ganzes Leben umgekrempelt. Keine Ahnung, wie ich den Scherbenhaufen wieder kitten sollte.

Und dann der Gedanke – ich muss zu meinen Wurzeln. Ich muss wissen, woher ich komme um zu entscheiden, wohin ich gehe.

Spontan beschloss ich eine Reise in meine Heimat. Ich sagte Caro noch nichts von meinen Gedanken.

Am Nachmittag ein Spaziergang an der Donau. Es war schönes Wetter, klare Sicht. Gutes Licht um zu fotografieren. Ich entdeckte ein paar schöne Motive, drückte aber eher absichtslos auf den Auslöser.

Caro fuhr am Abend nach Hause, ich setzte mich an meinen Computer sichtete die Fotos. Es sind schöne Aufnahmen geworden. Ich experimentierte mit der Aufnahme eines entwurzelten Baumes. Und irgendwann war ein ganz anderes Bild daraus entstanden. Was war das – es sah gut aus – aber ich verband noch nichts damit.

Dieses Bild schickte ich Caro. Heute hat das Bild einen Ehrenplatz und heißt „Phönix". Es steht für unser gemeinsames Leben – der Phönix aus der Asche.

Ist das der Beginn unseres neuen Lebens? Unseres gemeinsamen Lebens.

Ich war mir nicht sicher. Ich kannte Caro erst gut einen Monat. Aber es war, als wären wir schon immer zusammen – absolute Harmonie und Vertrautheit.

Jedoch – ich habe es nie lange in einer Beziehung ausgehalten. Immer dann, wenn es ernst wurde, habe ich die Reißleine gezogen, mich aus dem Staub gemacht, oder mich so blöd verhalten, dass mich meine Gefährtinnen liebend gern verlassen haben.

Was ist, wenn das jetzt wieder der Fall ist, wenn ich wieder alles zerstöre? Davor habe ich Angst. Nicht vor der Bindung – nein vor der Zerstörung und darum will ich mich nicht binden. Klingt komisch, ist aber so.

Andererseits. Phönix. Aus der Asche. Vielleicht könnte aus dieser Asche doch noch einmal ein Feuer entstehen, das einmal nicht zerstört, sondern Licht und Wärme spendet. Freude bereitet.

Soll ich, soll ich nicht?

Ich hatte keine Ahnung.

Gut bleiben wir beim alten Muster. Ein bisserl was geht immer. Und so lange es schön ist.

Dann sehen wir weiter.

Auf alle Fälle – die Heimat rief mich.

Anmerkung: Über diese Reise habe ich ein Buch mit dem Titel: "Mittn'drin und dennoch voll danebben" (ISBN-Print: 9783756212163 / ISBN-EBook: 9783756245291).

Abbildung 6: Der Baum der Energie

... eine reise in die vergangenheit ... (caro)

... ein paar tage später ... wir saßen gerade beim frühstück, an unserem geliebten „kuchltisch", sagte frank völlig unmotiviert ... komm wir fahren ein wenig nach oberösterreich meine schwester besuchen ... das ansinnen überraschte mich ein wenig, denn bisher hatte er nicht viele positive worte über seine kindheit, seine heimat und auch seine schwester verloren ... aber ich hinterfragte nichts und so waren wir wenig später bereits unterwegs ... wir fuhren nicht über die autobahn, sondern nur über bundesstraßen ... es war wunderbares wetter ... strahlend blauer himmel und warm für die jahreszeit ... an einigen stellen blieben wir stehen ... gingen spazieren, tranken kaffee ... ich getraute mich keine fragen zu stellen und wartete einmal ab ... ich wusste, es würde eine reise in die vergangenheit werden ...

am nachmittag kamen wir in ein wunderschönes tal ... es war wie im bilderbuch ... almen, kühe, berge ... einfach schön ... frank's schwester rosi war sehr erstaunt uns zu sehen ... schließlich hatten wir uns nicht angemeldet, doch sie reagierte erfreut wie mir schien ... zwischen ihr und mir war es sicher sympathie auf den ersten blick ... in der vergangenheit hatte sie wohl einige meiner vorgängerinnen kennengelernt, doch sie sagte nichts in dieser richtung ... für mich war die situation einigermaßen diffizil ... ich verhielt mich möglichst neutral, sofern ich das überhaupt konnte ...

nach einer netten kaffeejause mit lockerer unterhaltung schlug frank vor einen kleinen spaziergang zu machen ... wir fuhren auf die hügelkuppe und parkten das auto bei der sogenannten fatimakapelle ... dort begann unserer rundgang ...

frank erzählte von den kalten wintern, wo der schulweg sehr beschwerlich war ... von den heißen sommertagen, wo das heu gewendet wurde, was ihm so gar keinen spaß machte ... von den kühen, die gemolken werden mussten und die milch zu butter verarbeitet wurde ... alles händisch natürlich ... die große erschwernis auf einem berg zu wirtschaften, wo die seilwinde das wichtigste hilfsmittel darstellte ... ich staunte mit offenem mund ... ich konnte mir so ein leben überhaupt nicht vorstellen ...

ich, die städterin, die immer mit bad und wc indoor aufgewachsen war, konnte mir nicht vorstellen, dass man in der nacht durch den stall schleichen musste, um ein menschliches bedürfnis zu erledigen ... ich bekam durch ihn einen einblick in das leben, das ihn als kind geprägt hatte ... das nicht verstehen seiner eltern, den frühen tod seines vaters , das ihn in die rolle des mannes im haus drängte, obwohl er selbst noch ein kind war, mit dieser verantwortung überfordert ... all diese dinge hatten ihn ein leben lang belastet ... jetzt konnte ich gut verstehen, warum er so ein gespaltenes verhältnis zu kindheit und jugend hatte ...

wir gingen durch den wald ... hand in hand und ich ließ ihn erzählen ... stellte hin und wieder eine frage ... es war, als ob sich ein spalt auftun würde in der mauer, die er um seine vergangenheit errichtet hatte ... ich fühlte mich ihm so nahe, wie nie zuvor und unsere seelen begannen im gleichen takt zu schwingen ... ich versuchte ihm zu erklären, dass jeder mensch aus seinen wurzeln die kraft zum leben zieht und dass nur akzeptanz all dessen was war und ein loslassen in liebe die zukunft bestimmt ... man kann auf einer unbewältigten bürde aus der vergangenheit keine glückliche zukunft bauen ...

ich weiß nicht, ob er mich verstanden hat, doch er begann sehr nachdenklich zu werden ... die gegend dort, franks heimat ist unwirklich schön ... sanfte wiesen ... rauschendes wasser ... harte felsen ... so gegensätzlich wie der mann an meiner seite ... hart und weich zugleich ... ich glaube, ich habe es ein wenig geschafft ihm zu erklären, dass genau diese gegend ... die härte seiner jugend ihn zu dem menschen gemacht hatte, der er heute ist ... ganz oben auf dem berg steht ein alter baum ... ich glaube eine linde, von dort hat man einen wunderbaren blick auf die berge und täler der umgebung ... ich breitete die arme aus und sagte ... schau, das bist du, dieser baum, diese wiese, dieser berg ist ein teil von dir ... frank umschlang mich mit seinen armen und ich konnte seine tränen an meinem hals spüren ... da wusste ich, dass er verstanden hatte

... auch ich hatte begriffen ... nämlich was dieser mann mir bedeutet ...

… eine reise in die vergangenheit … (Frank)

Es war soweit. Wir fuhren nach Oberösterreich – meine Heimat. Anfangs wollte ich Caro nicht mitnehmen, dann entschied ich mich doch dafür. Und es war gut so.

Das alles zu beschreiben, was in diesen zwei Tagen passiert ist, ginge zu weit. Ich habe Caro gezeigt, wo und wie ich aufgewachsen bin, ihr unser damaliges Leben geschildert. Amüsiert in ihre ungläubigen Augen geblickt, wenn ich Details schilderte.

Auf dem Berg gestanden, den ich als Schuljunge täglich zu überqueren hatte. Caro im Arm gehalten und meine heißen Tränen gespürt, als sie einfühlsam zu mir sagte:

„Frank, schau Dir diese herrliche Landschaft an, diese wundervolle Natur, diese kraftvollen Berge, die sanften Täler. Das bist Du. Daher beziehst Du Deine Kraft, Deine Energie.

Verachte es nicht, blick nicht zurück im Zorn. Sei dankbar. Dir wurde soviel Wertvolles mitgegeben. Nimm es und sei stolz darauf, freue Dich darüber. Und sage dem Universum jeden Tag Danke dafür."

Das war es. Das war der Auslöser. Wir hatten den Phönix aus der Asche gehoben. Bis heute taumelt er ab und an noch unsicher durch die Lüfte, aber er fliegt – neues Leben ist entstanden. Mit Caro an meiner Seite – meiner Frau.

Aber manchmal war es schon knapp davor abzustürzen, das zarte, junge Vögelchen, genannt Liebe.

Abbildung 7: Wandlung

... altlasten ... (caro)

... man würde jetzt wohl glauben alles liebe, freude, eierkuchen ... wäre wohl zu kitschig ... oder? ... nach unserer rückkehr aus oberösterreich begannen frank und ich immer mehr zeit miteinander zu verbringen...

was zuerst stunden waren, wurden jetzt tage ... manchmal mehrere ... ich versuchte mich langsam durch die hintertür in sein leben zu schleichen ... die vordertür wäre für ihn zu viel des guten gewesen ... zu sehr war er auf seine freiheit, sein singledasein fixiert...

ich begann seine wohnung umzugestalten ... möbel zu verrücken, bilder umzuhängen, ein wenig energie in seinen junggesellen-haushalt zu bringen ...

frank ließ mich gewähren ... stieg für mich auf die leiter und montierte eine lampe ... .reparierte einen lichtschalter ... hing geduldig bilder um ... alles was die oberfläche betraf, akzeptierte er anstandslos ... schien auch meine kochkünste zu genießen und auch die streicheleinheiten ... aber man sollte sich nie zu sicher fühlen ... eine schlacht zu gewinnen heißt noch lange nicht den krieg ... das sollte sich bald zeigen ... nach einigen tagen kam ich in die wohnung und sah im bad ein typisch weibliches duschbad ... ich habe das gleiche ... bei mir brannten sämtliche Sicherungen durch ... der hat noch mehr frauen gleichzeitig mit mir ... dachte ich ... rannte ins büro, wo frank nichtsahnend arbeitete und knallte ihm die ominöse flasche auf den schreibtisch...

wie viele frauen beglückst du noch neben mir ... schrie ich ihn an ... sein verdutztes gesicht hätte mir zu denken geben müssen, aber ich war neben mir ...

wieso? ... warum ? fragte er

... na hier das duschbad ...

Das ist meines ... sagte er ... ich glaube dir nicht, tobte ich ... da wurde er auch wütend ... ich verwende was, ich will und frage niemanden .... was glaubst du eigentlich, dass ich mein ganzes leben für dich ändere ... das saß ... die tränen schossen mir in die augen ... ich hatte einen knödel im hals ... hastig verließ ich den raum ... tränenblind packte ich meine sachen zusammen ... frank arbeitete ungerührt weiter ... was für ein mensch, dachte ich mir ....

so , nun saß ich da mit meinem korb und konnte mich nicht entschließen zu gehen... ich wusste, wenn ich jetzt gehe, sehen wir uns nie wieder ...

ich hatte das gefühl mein herz zerspringt in tausend teile ... was tun, ... er würde mir keinen zentimeter entgegenkommen ... ich weiß nicht mehr , wie lange ich gesessen bin ... weinend, überlegend, traurig und energielos ... doch dann fasste ich einen Entschluss ... meine liebe siegte über mein ego...

ich ging ins büro ... umarmte frank und sagte ihm , wie leid es mir tue und er solle mir nicht böse sein ... am anfang war er total ablehnend, aber dann drückte er mich auch ...

 es wurde dann doch noch eine schöner abend und eine zärtliche nacht ... manchmal ist es doch besser sich zu überwinden und der liebe eine chance zu geben ... wenn zwei menschen sich in späten jahren kennenlernen hat jeder von ihnen einen rucksack zu tragen und es ist oft unendlich schwer aus zwei rucksäcken einen zu machen und diesen gemeinsam zu tragen ... jeder hat beziehungen, ehen, kinder und zahlreiche gute und schlechte erfahrungen hinter sich und natürlich auch dementsprechend oft eine negative erwartungshaltung ... mir erging es nicht anders ... als betrogene ehefrau witterte ich überall wieder betrug und frank hatte natürlich auch diverse beziehungen gehabt, die immer noch mehr oder weniger in der gegenwart existierten ... alles in allem hatte ich das gefühl, ich gehe einen schritt vorwärts und zwei zurück ... es war sehr schwer für mich diesen mann zu durchschauen und so manche schlaflose nacht grübelte ich über das für und wider unserer geschichte nach ... würde es sich wirklich lohnen, das risiko einzugehen wieder enttäuscht zu werden ... doch wenn man es nicht versucht, weiß man es nie ... oder ?

zwei seelen stritten sich in meiner brust ... die eine hieß liebe, zärtlichkeit und verlangen und die andere angst, angst und wieder angst ... nun ja zu tode gefürchtet ist auch gestorben ... ich hatte beschlossen das wagnis mit einem menschen, der zwar eine beziehung wollte, aber nicht bereit war einen zentimeter an seinem leben zu verändern einzugehen ... . es war nicht die letzte fussangel, die ich bewältigen musste ...

... altlasten ... (Frank)

Jetzt könnte man glauben, pure Harmonie, zwei Herzen im Dreiviertel-Takt und so weiter.

Denkste.

Es gab schon genügend Anlass für mich, meine Entscheidung für Caro zu überdenken. Ich bin Zweisamkeit überhaupt nicht gewohnt, ich wollte niemals Jemanden nahe in mein Leben lassen.

Dann passiert mir diese Frau.

Also gut, solange sie meine Kreise nicht zu sehr stört. Probieren wir es aus. Caro ist mittlerweile mehr bei mir, als bei sich zu Hause und am Frühstückstisch liegt schon manchmal die Idee vom „Zusammenziehen". Vielleicht. Aber das ist schon ein Entschluss, mit dem ich hart ringe.

Und dann das! Nicht mit mir! Raus aus meinem Leben. Gib mir sofort meine Tuchent zurück. Jetzt sehe ich das wahre Gesicht. Es ist immer dasselbe. Zuerst sich einschleichen, dann langsam mein Leben umkrempeln, es schön langsam übernehmen und von meiner schönen selbstauferlegten Hülle der Selbstbestimmung bleibt nichts mehr übrig. Nicht mit mir. Zurück an den Start.

Was war los?

Eines schönen Tages saß ich Büro, vertieft in meine Arbeit. Caro war gerade gekommen, beschäftigte sich in der Küche. Ich arbeitete.

Dann. Türen knallten. Eine ziemlich aufgebrachte Caro stürmte ins Büro. Lehnte sich auf meinen Schreibtisch, wischte die Papiere achtlos beiseite. Sah mich mit blitzenden Augen an: „Mit wem vergnügst Du Dich, während meiner Abwesenheit hier noch ... ?" Knallte eine Flasche mit Duschbad auf den Tisch. Sah mich herausfordernd an.

Ich überlegte. Was tun? Man muss wissen, dass Duschbad habe ich gekauft, weil es gut gerochen hat. Keine Ahnung ob das in die Kategorie weiblich oder männlich fällt.

Ich beschloss den „Coolen" zu spielen. „Was ist los?" fragte ich ganz ruhig und beherrscht. Obercool.

„Das Duschbad da" das ist ein typisch weibliches Duschbad „für wen hast Du das gekauft, wer hat sich damit geduscht?" Caro bebte vor Zorn.

Ich die Gelassenheit in Person „Für mich. Und duschen tu ich mich, weil es gut riecht."

Ich war aber wirklich gelassen. Das ist also der Moment, wo das wahre Gesicht zum Vorschein kommt. Ich habe es immer gewusst. So sind sie die Frauen. Kleiner Finger – ganze Hand. Und dann kannst Du Dir noch alles Mögliche an den Kopf werfen lassen, nur weil du einmal ein Duschbad gekauft hast, das angeblich weiblich ist. So ein Schwachsinn. Ein weibliches Duschbad. Für mich hat es einfach gut gerochen. Aus.

Und der kleine Teufel im Ohr sagte zu mir „Siehst Du, ich habe es Dir immer gesagt. Eine Frau kann man nicht in sein Leben lassen, ins Bett ja. Aber schon weiter gar nicht. Vielleicht Kaffee kochen, putzen. Aus."

Und ich gebe dem kleinen Teufel Recht. So nicht. Nicht mit mir. Das mache ich nicht mit. Und das sagte ich Caro in wohlgesetzten Worten. „Nicht mir. Entweder nach meinen Regeln, oder gar nicht. Und nun raus aus meinem Büro. Von mir aus raus aus meiner Wohnung. Raus aus meinem Leben. Raus."

Sie zog ab. Wäre ja doch gelacht. Wo kämen wir denn da hin. Ich arbeitete weiter. Wollte weiter arbeiten. Meine Gedanken waren nicht bei der Sache. Und was ist wenn sie wirklich geht?

Der kleine Teufel: „Sei doch froh. Deinen Spaß hast Du gehabt. Andere Mütter haben auch schöne Töchter. Soll sie doch abhauen. Es sind alle so!"

„Aber ich liebe Sie!"

„Du und Liebe. Das ich nicht lache. Du liebst nur Dich selbst. Alle anderen sind Dir vollkommen egal." Der kleine Teufel, sagte es mir ganz schön rein.

Der kleine Teufel und ich stritten. Ich war hin und her gerissen. Packte Caro jetzt ihre Sachen? Die braucht sich gar nicht einzubilden, dass ich jetzt komme und sie zum Bleiben überrede. Soll gehen. Soll sich einen anderen Trottel suchen, denn sie mit ihren Duschbad-Phantasien quälen kann.

Aber ich liebe Sie. „Quatsch" tönte es in meinem linken Ohr.

Aber ich liebe Sie. „Du bist ein alter Trottel" tönte es in meinem rechten Ohr.

Aber ich liebe Sie – sagte mein Herz.

Und wenn sie jetzt kommt und mich mit ihren wunderschönen Augen anblickt?

Und sie kam tatsächlich. Ein wenig zerknirscht. Tränen in den Augen. Sie tat mir leid. Ich konnte sie ja verstehen. Sie hatte einfach Angst. Und sie liebt mich. Und ich liebe sie auch.

„Verschwinde aus meinem Leben!" Aber diesmal meinte ich nicht Caro, sondern den kleinen Teufel zwischen meinen Ohren.

Ich nahm Caro in die Arme. Ich verzieh ihr. Absolut generös. Puhh – ich der große Verzeiher. Jetzt war ich wieder in meiner Rolle. Jetzt fühlte ich mich wohl. Tut gut.

Aber eigentlich bin ich ein Haderlump. Aber ich liebe sie. Und der kleine Teufel wird sich verabschieden. Für immer. Meine Caro wird bleiben. Für immer.

Abbildung 8: Ein Einhorn

... waldviertel – impressionen ... (caro)

... ja, es ist wirklich sehr schön dieses stückchen österreich ... es bietet alles, was dem auge gefällt   ...   wunderschöne wälder, traumhafte seen, saftige wiesen, verträumte dörfer, wo man glaubt die zeit ist stehen geblieben ...

dazwischen bizarre felsformationen und energetische plätze   ... frank und ich teilen die liebe zu diesem teil österreichs und dementsprechend oft sind wir auch dort   ...   es ist wirklich malerisch zu jeder jahreszeit ...

wir hatten einmal einen schneesturm, dass man kaum die straße gefunden hat   ...   es war ein abenteuer die fahrt über eine ungeräumte straße ...   naja, wir haben es dann doch geschafft...

ein anderes mal hat es geschüttet wie verrückt und die nebelschwaden haben das land bedeckt ... wirklich mystisch ...

aber auch den wunderschönsten sonnenschein haben wir erlebet ... es ist unbeschreiblich, wenn sich die sonne im wasser der seen spiegelt und ein einsamer schwan seine kreise zieht ... mein absolutes highlight sind aber die unzähligen burgen und schlösser ... teilweise noch gut erhalten ... es gibt kaum eine burg oder ruine, wo frank und ich noch nicht herumgestreunt sind ... wir teilen auch diese leidenschaft, wie so viele andere ...

und immer wieder hat er die kamera im anschlag ... ich glaube frank hat in der zeit, seit wir uns kennen sicher an die tausend fotos gemacht ... und es werden immer mehr ... er hat immer schon fotografiert, aber jetzt haben seine bilder eine andere dimension angenommen...

eines möchte ich besonders erwähnen, denn es hat eine eigene geschichte ... frank und ich waren zu einem jazzfestival in einem kleinen städtchen eingeladen ... wir wanderten durch die stadt ... überall spielten jazzgruppen ... die verschiedensten melodien erklangen ... mit dem duft der bratwürstel war es eine volksfeststimmung pur ... die menschen waren gut gelaunt ... sangen mehr oder weniger richtig mit ... tanzten auf den strassen und es war einfach lustig ... nach einiger zeit des allgemeinen gewühls landeten wir auf einem kleinen weg am rande der stadt, der entlang der alten stadtmauer führt ... ein malerischer schmaler steig ... eingesäumt von alten bäumen ...

die musik drang gedämpft zu uns und wir waren plötzlich ganz allein unterwegs ... es herrschte eine sehr eigenartige stimmung jenseits der alten mauern und düsteren bäume ... wir gingen hand in hand und ich hatte das gefühl mich jenseits von zeit und raum zu bewegen ... frank zückte die kamera und machte fotos von dem hohlweg und den dunklen mauern ... ich sagte zum Spaß zu ihm ... da fehlt nur noch, dass ein einhorn um die ecke guckt ... einhörner sind meine lieblingsfabelwesen, seit ich ein kind war ... wir lachten beide ... es war wirklich ein traumabend ... im wahrsten sinne des wortes ... wieder zu hause ... zeigte mir frank ein paar tage später ein foto ... eben diesen hohlweg und was guckte zwischen den bäumen hervor ... ein einhorn ...

er hatte das bild digital bearbeitet und mir ein einhorn hineingesetzt ... ich habe mich sehr gefreut ... es sollte nicht das letzte bild dieser art sein, sondern der anfang einer wunderbaren serie ...

... waldviertel – impressionen ... (Frank)

Caro und ich, lieben das Waldviertel. Es ist ein wunderschönes Stück Erde im Norden Österreichs. Hart an der böhmischen Grenze (Sorry tschechischen Grenze). Gewachsen auf dem Granit der böhmischen Platte. Das hat die Landschaft und die Menschen dort geprägt. Das macht Menschen und Land so unvergleichlich liebenswert. Wir sind gerne oben. In dem Land wo alle Dörfer unten und die Wälder, Wiesen und Felder oben sind.

Klingt geheimnisvoll? Fahren Sie hin und machen Sie sich selbst ein Bild.

Einmal waren wir beim Jazzfestival in der kleinen Bezirksstadt. Auf allen Straßen und Plätzen Musik vom Feinsten, in den Hinterhöfen und Arkaden kleine Bands, die wundervolle Musik machen.

Die ganze Stadt im Bann der Musik. Und wir waren mittendrin.

Wir spazierten durch die Stadt. Dann an den Stadtrand. Dort verläuft ein kleiner Weg an der Stadtmauer. Links ragen die mächtigen Quader der Mauer hoch, Erker kleine Türme, versteckte Türen. Am Ende ein wunderschöner Blick über das kleine Tal, das die Stadt in der Vergangenheit bewacht hat.

Rechts säumen uralte Lindenbäume den Weg. Leise hörten wir die Musik aus der Stadt. Sonst war alles ruhig. Hand in Hand spazierten wir den Weg entlang.

Für mich natürlich wunderbare Motive. Immer wieder hielt ich Kamera ans Auge. Knipste. Versuchte diese zauberhafte Stimmung einzufangen. Fast schon übernatürlich. Mit etwas Phantasie konnte man den Schleier der schönen Fee zwischen den Bäumen erkennen. Oder war es vielleicht ein Einhorn?

Als wir die Bilder zu Hause betrachteten, sagte Caro „Hier bei diesem Bild, da fehlt ein Einhorn. Da müsste eines zwischen den Bäumen herauskommen."

Gesagt getan. Photoshop sei Dank. Ich habe ein Einhorn dazu gebastelt. Oder?

Vielleicht war es auch wirklich da? Vielleicht musste ich gar nicht viel tun, um es sichtbar zu machen?

Wie auch immer. Heute hängt das Bild in Großformat in unserem Schlafzimmer und erinnert uns immer wieder an die herrliche Zeit im Waldviertel und den Beginn unserer großen Liebe.

Danke.

Abbildung 9: Liebe

... die liebe familie ... (caro)

... wer kennt das nicht ... die guten ratschläge, wenn man eine beziehung eingeht ... besonders dann, wenn man schon eine oder mehrere hinter sich gebracht hat und bereits in reiferen jahren ist ... alle kommen mit bedenken ... wer weiß, was daraus wird ... vielleicht meint er das alles ja nicht ehrlich ... der hat sicher noch ein paar andere ... so ein mann allein ... der ist sicher im beuteschema diverser alleinstehender damen ... so oder so ähnliches bekam ich tagtäglich von allen seiten ... naja das wird nicht lange dauern ... der benützt dich nur für ein kleines abenteuer ... all meine freundinnen hatten plötzlich das bedürfnis mich vor schaden zu bewahren...

meine betagte mutter schüttelte nur den kopf ... dass man sich auch in meinem alter noch verlieben könnte schien niemand anzunehmen ...

wird man eigentlich in späten jahren ein gefühlloses wesen, oder kann man vielleicht noch träume haben ... sehnsucht nach einem vertrauten du, um die schönen dinge des lebens zu teilen, die dann noch mehr an stellenwert gewinnen, wenn man sich gemeinsam darüber freuen kann ... auch meine schwester - schon lange solo - hatte eigentlich nur negative meldungen auf lager … da soll man nicht selber auch anfangen zu zweifeln … ist es wirklich solch ein risiko sich auf einen menschen einzulassen, auch wenn man viele negative erfahrungen gemacht hat …

ich finde, es ist allemal besser einen sprung ins kalte wasser zu wagen , als für den rest des lebens im lauwarmen wasser dahinzudümpeln und später über verlorene möglichkeiten nachzudenken … alles ist ein risiko … jede autofahrt … jedes verlassen des hauses und selbst dieses ist nicht sicher … statistisch geschehen passieren die meisten unfälle im haus … na dann …

ich muss schon sagen die erste zeit unserer beziehung war ich sehr von massiven zweifeln hin und her gerissen … frank war mir auch nicht wirklich eine hilfe

… er war immer gleichbleibend freundlich, liebenswert und es schien ihn in keinster weise zu berühren … meine bedenken wischte er einfach vom tisch … in seine gefühlswelt konnte ich ja nicht hineinsehen und er ließ sich nicht wirklich in die karten blicken … eigentlich konnte ich mich nur auf mein eigenes bauchgefühl verlassen und das war auch nicht immer so sicher. . . doch manchmal bekommt man hilfe von oben …

in gestalt eines blonden engels … namens julia … meiner tochter …

sie ist neben meinen söhnen der wichtigste mensch in meinem leben … vielleicht weil wir weite strecken unseres lebens alleine verbracht hatten, waren wir sehr zusammengewachsen … jetzt ist sie erwachsen … geht ihren eigenen weg als vielgestresste krankenschwester mit ihrem partner, der ihr eine wirkliche stütze ist … sie war es, die als einzige mich bestärkte, dass es immer und in jedem alter legal ist, glücklich zu sein … ich war sehr nervös, als sie das erste mal zu besuch kam und es war auch das erste mal, dass sie frank kennenlernen würde …

all meine bedenken ... vielleicht mögen sie sich nicht ... und vieles mehr waren total unnötig ... es war sympathie auf den ersten blick und das auf beiden seiten ... auch bei ihrem partner ... ich war sehr erleichtert ... wir kochten zusammen spaghetti ... tranken kaffee ... gingen eis essen und es war harmonie pur ...

ich war sehr gespannt, was sie sagen würde und wurde nicht enttäuscht ... mama, sagte sie und umarmte mich packe dein glück beim schopf ... was gehen dich die anderen an ... es kommt nur auf dich an und sonst auf niemanden ... du siehst so entspannt aus ... meinte sie ... es kann dir nur gut gehen ... ich war sehr erleichtert und vor allem sehr sehr glücklich ... sie hat recht , meine geliebte tochter ... es ist mein leben und nur meines ...

...

... die liebe familie ... (Frank)

Für mich ist es sehr beruhigend, dass mich die Familie von Caro akzeptiert. Was in anderem Fall meiner Liebe zu ihr keinen Abbruch tun würde, jedoch ist es harmonischer so.

Ich war es bis dato nicht gewohnt eine Familie zu haben. Seit Jahrzehnten habe ich mehr oder weniger alleine gelebt – aber auch familiäre Kontakte nicht gepflegt.

Erst durch Caro nahm ich wieder Kontakt zu meiner Schwester auf und es ist ein sehr schönes Gefühl, dass auch hier eine Verbindung wieder ersteht.

Als Familienersatz sah ich meine Kunden, Geschäftspartner und mehr an. Leider habe ich da auch oft Enttäuschungen erleben müssen.

Umso mehr freut es mich, dass Caro auch im Kreis meiner Kunden sehr freundschaftlich aufgenommen wird und wir mittlerweile viele Kundentermine und auch Seminare gemeinsam machen. So wächst vieles zusammen – einiges hat sich gelöst. Und es ist gut so.

Abbildung 10: Dragon Fly

... wer braucht schon die malediven ... (caro)

heiß ... heißer ... am heißesten ... an die vierzig grad im schatten ... alle stöhnten unter der hitze ... der vergangene sommer hatte es wahrlich in sich ... was tun ... zu hause verschanzen ... unter der dusche wohnen ... ins überfüllte schwimmbad ... mit kindergeschrei und chlorwasser, dass die augen tränen ... in den sonnigen süden abdüsen, wo es genauso heiß ist ... auch überfüllt und noch dazu jedes glas wasser zu bezahlen ist...

nein ... traisenbaden hieß unser zauberwort ... am frühen morgen da war es noch erträglich packte ich die kühltasche mit obst, getränken und einigen snacks ...

frank belud das auto mit liegebett und luftmatratze und wenig später waren wir unterwegs an die traisen ... ein fluss in der nähe unseres wohnortes ... dort war es wahrhaft paradiesisch schön ... das wasser glasklar und erfrischend ... und das ufer gesäumt von büschen, die wohltuenden schatten spendeten ... hier schlugen wir unser lager auf...

kaum eine menschenseele war sichtbar ... hin und wieder ein einsamer radfahrer, der langsam vorbeifuhr oder die kleine schmalspurbahn, die vorbeiratterte ... sonst nur wogendes ufergras ... ein zartes plätschern des wassers und ein leichter wind ... der machte die hitze um vieles erträglicher ... frank las in seinem buch und ich hörte mir musik an über kopfhörer ... von zeit zu zeit gingen wir ins wasser zur abkühlung ... es war einfach paradiesisch schön ... mittags packte ich die kühltasche aus und wir machten ein picknick mit brot, käse, salat, obst und anschließend kaffee aus der thermoskanne.....

wie wenig braucht es eigentlich, um glücklich zu sein ... wir glauben, es muss unbedingt eine fernreise sein, die eine menge geld kostet, wo oft das hotel nicht unseren vorstellungen entspricht, das essen ungenießbar ist, zwischen den hotelanlagen sich müllhalden befinden, die nicht im prospekt angegeben waren ... nur um sagen zu können, wo ich in urlaub war ... der erholungswert ist oft null ...

ja, wir sind schon eine eigenartige spezies alles, was kein geld kostet, ist nichts wert ... uns nichts wert ... genauso ist es im täglichen zusammenleben ... die kleinen gesten machen oft die beziehung aus ... ein liebes wort ... ein kleines streicheln ... ein liebevoll gekochtes essen an einem schön gedeckten tisch ... diese dinge kosten so wenig und bringen so viel freude ... wir haben es verlernt dem partner zu danken für die vielen guten dinge, die er macht ... sind aber immer gleich bereit die kleinsten fehler und unachtsamkeiten an den pranger zu stellen ... es ist doch so einfach das positive zu stärken und das negative nicht überzubewerten ... einmal darüber nachzudenken lohnt sich ... eigentlich wäre alles so einfach ... doch machen wir es uns kompliziert ... fasziniert betrachtete ich ... gerade hier am wasser ... wie einfach die natur die dinge regelt ...

schmetterlinge flatterten schwerlos von blüte zu blüte ... eine wunderschöne libelle wiegte sich auf den grashalmen ... ein kleiner grüner frosch sonnte sich auf einem stein und eine forelle schwamm geschmeidig im wasser ...

alles war in einer wunderbaren harmonie ... die sonne tauchte alles in ein strahlendes licht und die hitze war um vieles erträglicher als in der stadt ... mir scheint, die menschen haben heute verlernt sich an den kleinen dingen des lebens zu erfreuen ... weiter, schneller, grösser ... wir denken nur mehr in größenordnungen ...

eigentlich bin ich sehr froh, dass frank, meine vorstellungen von glück teilt ... nicht die menge von allem, was wir im leben bekommen macht unser glück aus ... sondern die intensität, wie wir bereit sind unser leben zu erleben ...

... wer braucht schon die malediven ... (Frank)

In meinem früheren Leben bin ich viel gereist. Hongkong, Singapur, Malediven, Sri Lanka. Mein geliebtes Sizilien. Nicht dass ich es nicht mehr machen möchte. Ich werde mit Caro sicherlich noch einige Reisen unternehmen.

Caro hat mich aber auch gelehrt, das Schöne zu sehen, das so nah liegt. Ich freue mich immer wie ein „Schneekönig", wenn sie auf unseren Fahrten durch das Waldviertel voller Begeisterung und Freude die Plätze bewundert, die ich ihr gerne zeige.

Wundervolle Landschaften, herrliche Teiche, romantische Flüsse, tiefdunkle Wälder.

Und ich teile ihre Meinung. Wer braucht schon die Malediven. Unsere Heimat ist so herrlich und wunderbar. Millionen von Menschen besuchen sie alljährlich. Und wir? Wir suchen das Glück in der Ferne. An übervölkerten Stränden mit hämmernden Rhythmen und Animateuren, die einen mit Gewalt zum Lustig sein überreden wollen. Nein danke.

Gut ich war und bin mehr der Kulturreisende, der fremde Länder eher wegen ihrer Vergangenheit, ihrer Geschichte und Kultur besucht. Aber das haben wir in Österreich ebenso.

Der Sommer, in dem wir uns zu lieben lernten, war heiß, heiß und noch heißer. Tage mit vierzig Grad im Schatten waren keine Seltenheit.

Was tun, wenn dir in der Wohnung der Schweiß schon von der Stirne tropft, wenn du nur die Zeitung umblätterst und der einzige kühle Ort die Dusche ist.

Also machten wir uns auf. Wir fanden unser Paradies kaum eine halbe Fahrstunde von unserer Wohnung entfernt. Dort windet sich ein kleiner Fluss aus den herrlichen Voralpen durch die sanfte Landschaft vor der Stadt.

Es dauerte nicht lange und wir fanden direkt neben der Straße – die nur von Radfahrern und Traktoren befahren wird – ein kleines Plätzchen. Direkt am Wasser. Unter schattenspendenden Bäumen, frisches Gras davor.

Wir verbrachten dort jede freie Minute und hatten uns bald wohnlich eingerichtet. Luftmatratze, Liegestühle, Sonnenschirm. Bücher, Bücher, Bücher. Alles was das Herz begehrt.

Ab und zu gingen wir ins seichte Wasser und erfrischten uns. Unser Menü hatten wir in der Brot Dose mitgebracht. Caro hat immer gut vorgekocht. Kühler, frischer Käse. Obst, Gemüse. Herz was willst Du mehr.

Dazwischen ein wenig philosophiert und sonst: einfach unser Glück genossen.

Wir bekamen auch Besuch. Allerlei verschiedenes Getier ließ sich bei uns nieder. Am meisten in Erinnerung ist mir eine Libelle. Glänzend blau, mit fast durchsichtigen Flügeln, saß sie die meiste Zeit auf einem Grashalm direkt zwischen uns beiden.

Und manchmal hatten wir das Gefühl, sie würde uns erwarten. Denn kaum hatten wir uns eingerichtet, war sich auch schon da. Und blieb den ganzen Tag.

Wir haben mit ihr gesprochen und ihr immer wieder gesagt, dass wir es gern haben, wenn sie uns besucht.

Klingt abgehoben. Vielleicht habe ich das am Anfang auch so empfunden. Aber vielleicht haben auch solche Tiere eine Seele – die möglicherweise schon einmal in anderer Form auf der Erde war. Vielleicht hat sie uns verstanden und uns mit ihren Wünschen begleitet.

Später habe ich dann im Lexikon nachgelesen. Diese ganz besondere Art von Libellen wird als „Dragon-Fly" bezeichnet und ihnen werden – laut verschiedenen Quellen – auch übersinnliche Kräfte zugeschrieben.

Allerdings tut es uns leid, dass diese Tiere nur ein Jahr leben. Aber wer weiß?

Ich bin jedenfalls froh, dass ich sie mit meiner Kamera verewigt habe. Seitdem ziert eine große Wandtapete mit ihr als Mittelpunkt unser Schlafzimmer. Dort wiegt sie sich auf ihrem Grashalm und genießt anscheinend ihr – wenn auch kurzes – Leben.

In unseren Gedanken lebt sie weiter und das ist dann ja auch wie Unsterblichkeit. Oder?

Und im heurigen Sommer werden uns ihre Kinder besuchen. Da sind wir uns ganz sicher. Also bis dann – Dragon Fly. Wir freuen uns.

Abbildung 11: Abend im Gebirge

... liebe mal zwei ... (caro)

... naja schön langsam wachs ma zam ... so heißt ein song von wolfgang ambros ... das könnte man auch von frank und mir sagen...

er hatte begonnen, mich manchmal auf seine geschäftsreisen mitzunehmen ... eine davon führte uns ins schöne tirol ... während frank arbeitete erkundete ich die gegend

... ich erinnerte mich daran, dass ein jugendfreund von mir, den ich lange jahre nicht gesehen hatte mit seiner familie in innsbruck wohnt und so kam mir die idee ihn anzurufen ... er freute sich sehr und lud frank und mich am abend in sein haus ein ... es wurde wahrlich eine reise in meine jugendzeit ... mark, so heißt meine jugendliebe ... lebt als arzt in innsbruck mit frau und drei söhnen ... verstand sich auf anhieb mit frank ... so wurde es ein äußerst lustiger abend ... wir genossen ein gutes abendessen in einem wunderschönen garten mit blick auf die berge und den flughafen ... die flugzeuge waren nur sichtbar, aber kaum hörbar ... wir schwelgten in alten erinnerungen ... schauten fotoalben aus alten zeiten an und spielten die musik aus jugendtagen ... wir wurden gar nicht fertig alte geschichten auszutauschen und erinnerungen an gemeinsame freunde ... es war ein komisches gefühl für mich mit zwei männern an einem tisch zu sitzen ... der eine war meine erste liebe ... der andere wahrscheinlich meine letzte ... und sie verstanden sich gut ... ich war eingehüllt ein einer wunderbaren energie der liebe ...

die gefühle für mark hatten sich zwar geändert ... heute eine wunderschöne freundschaft, aber die energie einer großen liebe vergeht nie und so war es ein äußerst schöner abend, der einen zauber hatte, den in dieser form nur wenige menschen erleben und dafür bin ich dankbar ... marks söhne waren auch da, alle studieren noch und wir verstanden uns wie schon immer gekannt ... mit dem versprechen uns zu weihnachten wiederzusehen und dem auftrag an frank mich nur ja glücklich zu machen fuhren frank und ich zu später stunde in unser hotel ... ich war leicht beschwipst vom guten wachauer wein und ein wenig abgehoben von einem wahrhaft gelungenen abend ...

... liebe mal zwei ... (Frank)

Das passiert wohl nicht jedem Mann. Mit dem Geliebten seiner Geliebten an einem Tisch zu sitzen und sich dabei auch noch glänzend zu unterhalten. Eigentlich ein Stoff aus dem Krimi's gemacht werden.

Ich hatte dienstlich in Tirol zu tun und meine Caro begleitete mich. Sie konnte, während ich arbeitete die Gegend erkunden, und so einige freie Tage genießen.

Am Abend kam ich ins Hotel zurück und Caro eröffnete mir, dass wir am nächsten Tag nachmittags in Innsbruck eingeladen seien. Bei ihrer ersten großen Liebe. Na dann.

Sie hatte sich erinnert, dass ihr Jugendfreund dort wohnt und spontan beschlossen ihn zu besuchen.

Gesagt, getan.

Und es wurde ein wunderschöner Nachmittag und Abend. Ich verstand mich auf Anhieb gut mit Markus. Wir saßen auf einer Terrasse hoch über Innsbruck, hatten einen herrlichen Blick über die Stadt.

Markus und Caro schwelgten in Erinnerungen, alte Fotos gingen reihum. Es wurde viel gelacht und wir haben tolle Musik gehört.

Und Caro war glücklich. Denn es gibt wohl selten eine Frau, die mit ihrer ersten und letzten großen Liebe an einem Tisch sitzt.

Und auch ich bin dankbar dafür, dass ich das erleben durfte.

Abbildung 12: Göttweig in der Abendsonne

... oh ... abba mia ... (caro)

... geburtstag ist schön ... oder? ... torte, kerzen ... die familie ... onkel, tanten und die ganzen anverwandten gratulieren ... jeder ist besonders bemüht und liebreizend ... auch wenn er dich überhaupt nicht ausstehen kann ... immer schon habe ich diese pseudogratulation gehasst ... doch dieses mal war alles anders ... gottseidank ... der tag begann wie immer ... es war ein strahlend schöner sommertag ... heiß und wolkenlos ...

frank und ich frühstückten und meine kinder gratulierten per telefon ... es war erstaunlich ruhig ... schließlich ist es ja kein verdienst ein jahr älter zu werden ... mittags überraschte mich frank mit der ankündigung ... wir kochen nichts ... wir gehen zum griechen ... gesagt, getan ... auf einem schattigen tisch ... eingerahmt von blühenden oleanderbüschen und vor den augen die schöne fassade des alten rathauses genossen wir mediterrane köstlichkeiten...

von zaziki bis calamari ... von schafkäse und knoblauchbrot verwöhnt, waren wir sehr satt .... den abschluss bildete noch ein eis vom italiener ...

es war wirklich ein wunderbares geburtstagsessen ... gemütlich schlenderten wir nachhause ... rundum satt ... was fehlt jetzt noch zum glück ... ein mittagschlaf ... ohne zweifel eine nette idee ... zuhause angekommen im angenehm kühlen ambiente eines alten hauses konnte man so richtig entspannen ... habe ich entspannen gesagt ... ja im wahrsten sinne des wortes ... ein mittagsschlaf wurde es nicht ... aber wir wollen die fantasie nicht gänzlich ersticken, indem wir alle details verraten ... entspannung pur wurde es dann doch noch ... der abend wurde dafür spannend ... von meinem töchterlein hatte ich zwei konzertkarten bekommen für ein remake von abba songs interpretiert von einer englischen gruppe im innenhof des einmaligen klosters göttweig, hoch oben auf einem hügel, flankiert von weinbergen mit wunderbarem blick auf das donautal ... für frank und mich eine wunderschöne erinnerung an unseren ersten spaziergang ... ein paar tage nach unserem kennenlernen ... als wir um 1900 uhr vor ort ankamen waren schon sehr viele leute unterwegs ...

mit einem busshuttle wurden wir zum konzert gebracht, da der parkraum rund um das kloster sehr beschränkt ist ... es war eine tolle atmosphäre ... mindestens zweitausend abba fans hatten sich eingefunden ... sie saßen nicht nur in den aufgestellten sesselreihen, sondern lagen auf den umliegenden grünflächen ... auch alle stufen der basilika waren bevölkert ... die mönche des klosters waren auf den beinen, diese klänge hört man ja nicht jeden tag ... pünktlich um 2000 uhr begann das konzert ... von einer schier unglaublichen stimmung im publikum begleitet wurden alle bekannten abba songs interpretiert ... das gesamte auditorium sang mehr oder weniger richtig mit und es wurde getanzt auf „teufel komm raus" ...

die ehrwürdigen klostermauern erbebten von der wirklich tollen musik und auch die mönche bewegten sich im takt mit. . . .es war unglaublich schön, manchmal musste ich mit den tränen kämpfen, es war meine jugend, die ich musikalisch noch mal erlebte ... der abend war lau ... man brauchte keine jacke und die aufgestellten erfrischungshütten hatten hochbetrieb in der pause ... nach mehreren zugaben endete das konzert erst gegen mitternacht ... es war ein gelungener abend und das schönste geburtstagsfest, das ich je erlebt habe ... gemeinsam mit mehreren tausend und arm in arm mit dem geliebten mann ... was kann schon besseres passieren ??????? ...

... oh ... abba mia ... (Frank)

Stift Göttweig – ein Konzert. Abbamania. Unsere Lieblingsmusik. Caro hatte die Karten von ihrer Tochter zum Geburtstag bekommen. Lauer Sommerabend. Das unvergleichliche Ambiente des Klosters hoch über den Weingärten der Wachau.

Im Klosterhof an die tausend Leute, die Stühle sind schon aufgestellt. Erste dröhnende Rhythmen lassen die ehrwürdigen Mauern erbeben. Sowie manche der Klosterbrüder, die sich nicht zurück halten konnten, und zum Klang der tollen Musik bald mitschwangen.

Göttweig hat in unsere Liebe eine tiefe Bedeutung. Wenn ich zurück denke, bildet unser Spaziergang unter den alten Mauern einen Ausgangspunkt für unser gemeinsames Leben.

Daher werden wir immer wieder hierher kommen – ob mit oder ohne Abba.

Abbildung 13: Wanderung in den Bergen

... die bergziege ... (caro)

ja, ja die liebe ist eine himmelsmacht ... sie versetzt bekanntlich berge ... oder manchmal treibt sie einen ja eben dort hin ...

frank erzählte mir ... er sei ein begeisterter wanderer und bergkletterer ... na gute nacht ... ich stadtpflanze für die der kahlenberg schon ein berg ist, bekam ein flaues gefühl im magen ... schüchtern wandte ich ein, dass ich keine wanderschuhe besäße und nicht geübt sei in kletterei und außerdem und überhaupt sei ich ja schon reiferen alters mit spröden knochen und so ...

alle meine argumente wurden überhört und mein geliebter frank machte mit mir einen abstecher ins nächste sportgeschäft, wo wir wanderschuhe und gleich eine luftdurchlässige hose und socken usw kaufen ... mir schwante fürchterliches ...

ich meinte ... soviel geld ausgeben lohnt sich nicht und auch das wurde überhört ... frank hatte angekündigt zum wochenende gehen wir wandern ... nun konnte ich nur noch beten ... um schlechtes wetter ... leider war die prognose sehr vielversprechend ... heiter bis wolkenlos ...

ja der himmel war auch gegen mich ... am frühen vormittag starteten wir richtung ötscher ... mein lieber frank erklärte mir, das sei eine leichte wanderung ... immer entlang des wassers ... wunderschön und nicht zu anstrengend ... ja für ihn vielleicht ... am parkplatz angekommen ... stiegen wir in unsere wanderschuhe ... frank schulterte den rucksack mit jause und getränken ... jeder von uns bekam einen wanderstock und auf gings ... die gegend war wirklich ein traum...

der weg führte entlang von einem wunderschönen gebirgsfluss, eingebettet in ein malerischen tal ... unterbrochen von waldschneisen und geröllhalden ... kleinen wasserfällen und bizarren felsformationen ... er hatte nicht übertrieben ... es war einfach grandios ... die wanderei fiel mir erstaunlich leicht ... die neuen schuhe passten sehr gut und ich konnte mit frank schritt halten ... er lobte mich auch immer wieder ... naja dachte ich im stillen, vielleicht werde ich doch noch eine bergziege auf meine alten tage...

nach etwa zwei stunden wanderung ... machten wir eine rast zum mittagessen ... wir hatten uns brot und dauerwurst mitgebracht und etwas obst ... wir sassen direkt am wasser und es war einer der malerischsten orte, die ich kenne...

nach einer halben stunde setzten wir unseren weg fort ... wieder talwärts ...

frank meinte vier stunden würden für den anfang reichen ... unterwegs machten wir rast beim ötscherwirt, um einen kaffee zu trinken ... frank kaufte mir einen kleinen bären als anstecknadel zur erinnerung an meine erste wanderung ... ich freute mich wie ein kleines mädchen zu weihnachten ...

schließlich war es zeit aufzubrechen ... wenn man meint, abwärts wäre es besser, schneller und leichter zu wandern, erliegt man einem irrglauben, denn beim abwärts gehen werden die gelenke viel mehr beansprucht ... unterwegs füllten wir unsere wasserflaschen mit dem reinen wasser aus einer quelle ... es schmeckte herrlich kalt und erfrischend ...

frank machte viele fotos und wir genossen beide die wunderschöne natur und die ozonreiche luft neben dem wasser ...

wenn man nun meint alles wäre wohl wie im märchen ... irren ist menschlich ... etwa zwei kilometer vor dem parkplatz, wo wir unser auto geparkt hatten, überfiel mich das gefühl, ich könne keinen schritt mehr weitergehen ... es kam aus heiteren himmel und jeder schritt war eine qual ... zwanzig kilometer waren doch ein wenig viel für mich ... frank tröstete mich und sagte immer wieder ... wir sind ja gleich da ... das wohl eine halbe stunde lang ... ich weiß nicht, wie ich diese zwei kilometer geschafft habe, aber ich war heilfroh, als ich unser auto am parkplatz sah ...

aber ich war auch sehr stolz auf mich ... ich werde wohl nie eine bergziege, schon eher ein ötscherbär ... ein bisschen tapsig ...

... die bergziege ... (Frank)

Endlich schönes Wetter. Nicht zu heiß. Trocken. Kein Wind. Ideal zum Wandern.

Auf geht's ermunterte ich überschwänglich Caro. Wir machen morgen eine Wanderung. Die Begeisterung hielt sich noch einigermaßen in Grenzen.

Das Problem der fehlenden Bergschuhe und Wanderausrüstung hatten wir schnell erledigt. Ein kurzer Abstecher ins Sportgeschäft. Ausgesucht. Probiert. Gekauft.

Caro meinte klettern sei nicht ihres und dann sollte ich doch Rücksicht auf ihre alten Knochen nehmen, sie sei keine junge Bergziege mehr und würde eine Gewalttour wohl nicht überstehen.

Ich konnte sie beruhigen. Der Weg, den ich ausgewählt hatte ist leicht. Kaum Steigungen. Meist durch Wald, entlang eines Gebirgsbaches, daher auch kühl. Und schon gar nicht klettern. Das überzeugte sie und so machten wir uns auf die Fahrt.

Nach einer Stunde Fahrzeit kamen wir an. Wir würden die Ötschergräben bewandern, ein Naturdenkmal der ganz besonderen Art. Unbeschreiblich schön. Sauberes klares Wasser aus den Voralpen hat sich eine tiefe Schlucht gegraben, an deren Sohle wir bergan wanderten. Immer begleitet vom Rauschen des Wassers. Gelegentlich kreiste ein Bussard über uns, sonst herrliche Ruhe. Immer wieder gab es schattige Plätze unter knorrigen Bäumen zum Verweilen und Rasten.

Die Angst von Caro war bald vorbei. Sie kam gar nicht dazu daran zu denken, so begeistert war sie von der Schönheit der Landschaft und des Tales. Sie ging flink hinter mir her – wie eine Bergziege.

Am Ende des ersten Abschnittes machten wir eine Pause. Dort gibt es eine kleine Verpflegsstation und ein Blick auf mein GPS-Gerät sagte mir, dass wir schon zehn Kilometer gegangen sind.

Das ist viel, sehr viel für eine ungeübte Wanderin. Ich hoffte Caro würde es auch wieder zurück schaffen. Als kleinen Motivationsschub kaufte ich ihr ein Andenken. Einen kleinen Bären an einer Anstecknadel. Sie freute sich wie eine „Schneekönigin."

Und dann ging es wieder talauswärts, Richtung Auto. Ebenfalls ohne Probleme. Die letzten fünfhundert Meter waren für Caro dann noch herausfordernd. Da hat dann die Müdigkeit zugeschlagen.

Aber unter aufmunternden Worten hat sie es geschafft. Wir waren zwar müde aber glücklich beim Auto angekommen.

Seitdem trägt meine Caro den Titel „Bergziege" mit voller Berechtigung und einigem Stolz.

Gratulation.

Abbildung 14: Aladin

... die kuchltischfilosophen ... (caro)

... nun ich glaube, das wort gibts nicht wirklich, aber ich habe es gerade erfunden, denn es passt so gut zu uns beiden ... man sagt immer, die menschen reden zu wenig miteinander, besonders in beziehungen gibt es fast keinen dialog mehr ... das mag schon sein, denn es wird nur mehr elektronisch kommuniziert ... via sms, mail oder facebook und co. ... telefoniert wird zwar noch, aber das gespräch von mensch zu mensch hat immer mehr an stellenwert verloren ... für frank und mich gilt das sicher nicht ... wir sind die viel- und lang- und oft- redner ... unser lieblingsredeort ist wohl unser kuchltisch ...

nicht, dass die wohnung nur einen raum die küche hätte, ganz im gegenteil, sie ist sehr geräumig ... aber dieser alte jogltisch hat eine wunderbare energie und dort kann man so schön reden ... hier sitzen wir zu jeder tages- und nachtzeit und kommunizieren über alles was uns bewegt ...

die politik, das wetter, die neuesten bücher, die tollen filme, das öde fernsehen und natürlich über berufliche und private angelegenheiten ...

ich glaube, dass diese art miteinander alles auszureden, egal was es auch sei ...   auch unangenehme dinge das wesen einer beziehung sehr deutlich wiederspiegelt ... wenn man nicht mehr miteinander reden kann, funktioniert alles andere auch nicht ... ich gehöre wohl zu den menschen, die für die kommunikation eine lanze brechen ...

ich glaube es ist äußerst wichtig immer wieder den dialog zu suchen ... zwischen eltern und kindern und auch in beziehungen ... auch in firmen ist es sehr wichtig, dass die verbindung zwischen der chefetage und den angestellten niemals abreißt, denn das ist der knackpunkt für das erfolgreiche miteinander im arbeitsbereich und dies zieht sich durch alle arten von verbindungen ... ich finde es gut, dass es elektronische mittel der verständigung gibt, aber sie sollen und können niemals den menschlichen kontakt ersetzen ... wenn das möglich wäre, könnten wir uns ja alle einen roboter halten, den man programmieren kann und der bedürfnisse erfüllt nach bedarf, doch das wird niemals möglich sein, denn eine maschine kann nie die menschliche energie ausstrahlen, sei sie noch so toll gebaut und erst recht nicht liebe fühlen und weitergeben ... das ist ein menschliches privileg und dafür sollten wir sehr dankbar sein und niemals leichtfertig damit umgehen ... so gesehen bin ich froh für unseren kuchltisch und für unsere liebevollen gespräche ...

... die kuchltischfilosophen ... (Frank)

Unsere nächtelangen Gespräche am „Kuchl-Tisch" waren immer wieder eine Erbauung. Wir diskutierten über Gott und die Welt. Wälzten stundenlang Probleme, fanden Lösungen.

Ich war so intensive Gespräche nicht gewohnt und es dauerte einige Zeit, bis ich auch über Beziehung, unangenehme Dinge, Herausforderungen und mehr sprechen konnte.

Bis dato hatte ich niemand, mit dem ich mich über meine Sicht der Dinge austauschen konnte – Caro hat mir zugehört, mich aber auch geleitet. Dafür bin ich ihr sehr dankbar.

Und ich habe am „Kuchl-Tisch" das erste Mal das Wort Universum kennengelernt. Und die Macht, die es hat – in uns und um uns. Wenn man nur daran glaubt.

Und das habe ich auch gelernt.

Danke Caro.

Abbildung 15: Fleißige Bienen

... *wer will schon keller aufräumen ... (caro)*

... das klingt genauso ... wer fürchtet sich vorm bösen wolf ... niemand ... naja mein frank auch nicht ... nachdem ich fast vier monate nicht in meiner wohnung war, nur zum kleider fassen und blumen gießen, beschlossen wir unsere haushalte zusammenzulegen ...

ist ja relativ einfach bei einer großen wohnung, man rückt alles ein wenig zusammen und der rest wandert in den keller...

wenn eben dort platz dafür ist ... franks keller ist ja relativ geräumig ... von platz kein rede ... da müsste mal aufgeräumt und ausgemistet werden sagte ich schüchtern ... die begeisterung in dieser sache war nicht besonders ...

doch die notwendigkeit schien gegeben ... ergo begaben wir uns in den keller ... bei einem jahrhundertwendehaus war auch der keller sehr dunkel, verwinkelt und es roch nach alten möbeln und mottenkugeln ... ein sammelsurium von kabelrollen, sportgeräten ... golf, schi, wanderstöcken ... und jede menge kartons mit papier, papier und noch einmal papier ... frank stand mit begeistertem gesicht mittendrin und sagte und wo fangen wir jetzt an ... ja am anfang sagte ich lakonisch ... nach zwei stunden hatten wir alles geordnet und ein auto voll für die deponie gefüllt ... wir waren ziemlich schmutzig, aber glücklich es geschafft zu haben ... auch frank sprach mir ein lob aus ... ohne dich hätte ich das nie gemacht lachte er ... auf zum umzug ...

jetzt war wenigstens platz für alles was in der wohnung keinen finden würde ... na schauen wir mal ... es war ein heißer tag und wir waren nicht wirklich motiviert möbel zu schleppen, aber was solls...

einer meiner söhne, der in der nähe wohnt hatte versprochen beim möbel tragen zu helfen und meine schwester half beim karton einpacken ... es ist schon verwunderlich, was in einem singleappartment alles platz hat ... die möbel waren schnell verladen, aber die kartons und der kleinkram schienen kein ende zu nehmen, wenn man bedenkt, dass ich vor drei jahren mit zwei koffern und einer kaffeemaschine eingezogen war...

nun ja, auch der anstrengendste tag nimmt einmal ein ende und so waren wir am späteren abend endlich fertig, das ist wohl nicht der richtige ausdruck, denn die kartons hatten sich nur von einer wohnung in die andere verlagert...

nun begann das große verstauen ... wohin mit all den dingen ... ich brauchte eine ganze woche, um alles einzuräumen...

frank war mir eine große hilfe ... wenn ich ihn fragte, wohin damit ... sagte er nur lakonisch ... mach alles so wie du meinst und es für dich passt ... mir ist alles recht ... genauso ... was den haushalt betrifft ist frank sicher ein liebenswerter chaot ... er interessiert ihn nicht wirklich ... es reicht ihm, wenn der kühlschrank voll ist und er seine hemden und unterhosen und socken vorfindet ... seine schlüssel, auf mein anraten im vorzimmer auf der kommode ... seine zigaretten und sein handy findet er ohnehin nie ... zumindest liegen die schlüssel auf der kommode ... nicht immer, aber immer öfter ... was ordnung betrifft ist mein lieber frank sicher kein vorbild ... ich habe einige erziehungsarbeit geleistet, sofern man einen mann im gesetzteren alter überhaupt noch erziehen kann ... man sollte jedoch die hoffnung nicht ganz aufgeben...

... ein bisserl was geht immer, um mit seinen worten zu sprechen ... immerhin werden die nassen handtücher jetzt aufgehängt ... das gewand landet nicht mehr am boden ... der schreibtisch ist aufgeräumt und auch das büro und diverse schränke wurden einer gründlichen ausmusterung unterzogen...

nicht dass er sich gefreut hätte, aber ich konnte ihm klarmachen, dass man einen neuen lebensabschnitt nur dann beginnen kann, wenn man die altlasten in jeder hinsicht entsorgt...

alte beziehungen, überholte glaubensmuster, alte möbel, unnötigen ballast ... dann ist es möglich etwas neues zu beginnen und man glaubt nicht, wie befreiend das sein kann ... nicht umsonst sagt man ... zuerst musst du eine tür wirklich schließen, bevor sich eine neue öffnet ... .

... wer will schon keller aufräumen ... (Frank)

Caro hat es in ihrem Text schon beschrieben „.... Chaot!"

Ja das bin ich. Ich beschäftige mich wenig mit dem sogenannten „Kleinkram". Erst wenn das letzte Hemd, die letzte Hose aus dem Schrank genommen ist, wenn sich die ungewaschene Wäsche in allen Räumen türmt, das Geschirr in der Küche schon am Boden steht, dann ist es Zeit für mich zu Handeln. Bis dahin .... Chaos.

Das war für meine strukturierte und ordnungsliebende Caro ganz und gar nicht amüsant.

Aber mit viel Geduld und Einfühlungsvermögen hat sie mir immer wieder einen kleinen Stupser gegeben und schön langsam, ganz langsam änderte sich auch meine Einstellung.

„Denn Ordnung in Deinem Leben wird es nur geben, wenn Du bei den kleinen Dingen auch Ordnung hältst!" So meine Caro. Und heute muss ich sagen Recht hat sie.

Und schön langsam lernte ich es auch. Na gut. Zigarrenasche am Schreibtisch, Farbe am Fußboden. Überquellende Papierkörbe zeugen nicht gerade von hoher Lernfähigkeit zu diesem Aspekt. Aber mittlerweile fällt es mir wenigstens auf und – oh Wunder – an mindestens vier von sieben Tagen säubere ich auch meinen Schreibtisch bevor ich zu arbeiten beginne.

Das Kellerabenteuer – dazu hat Caro schon geschrieben. Aber nicht nur das. Unter ihrer subtilen Führung habe ich meine Büros aufgeräumt, auch hier Tonnen von Papier (Altlasten) entsorgt, Unterlagen sortiert und schön in Kästen verstaut. Meine Sammlung von über fünfhundert Fachbüchern geordnet.

Ich fühle mich wohl, wenn ich so in die Runde blicke.

Wenn es mir nun gelingt auch in andere Bereiche meines Lebens diese Ordnung zu bringen, dann kann es nur mehr bergauf gehen.

Abbildung 16: Freiheit

... bilder... bilder (caro)

... jeder mensch braucht ein hobby ... eine welt nur für sich allein ... zum ausspannen, der wirklichkeit zu entfliehen ... schließlich ist die berufswelt heutzutage kein spaziergang mehr ... nur die besten, die härtesten haben erfolg ... geld und macht bestimmen unser leben ... dabei bleibt so mancher auf der strecke ... so gesehen ist die beschäftigung mit kreativen dingen in der freizeit oft ein gutes ventil ein wenig auszuspannen ... frank ist ein begeisterter fotograf...

seine naturaufnahmen sind eine wahre augenweide ... es ist auch noch einen schritt weiter gegangen ... durch die digitale bearbeitung der fotos sind wahre kunstwerke entstanden ...

ich bin wohl einer seiner größten bewunderer und habe ihn immer wieder ermutigt weiter zu machen ... so gesehen bin ich auch ein wenig mit schuld an seiner entwicklung vom fotografen zum künstler ... denn seine fotos sind künstlerisch ... was braucht ein künstler für seine werke ... natürlich eine plattform ... begonnen haben wir unsere wohnung mit seinen werken auszustatten ... alle wände, das sind bei einer großen altbauwohnung mit hohen räumen doch einige, haben wir mit bildern zugehängt und meine liebste beschäftigung ist wohl diese bilder immer wieder umzuhängen, auszutauschen gegen die neuesten exemplare und frank hat schon alle nägel verbraucht, die wir hatten ... außerdem sind wir stammgast im baumarkt, wo wir bilderrahmen en gros erstehen ... franks büro ist teilweise zur galerie mutiert...

zwei wände wurden mit profi- bilderleisten ausgestattet, da die wände langsam aber sicher emmentalercharakter annahmen ... das kann aber meiner bilder-aufhäng-wut keinen abbruch tun ... in der letzten zeit hat frank außerdem seine liebe zum zeichnen weiterentwickelt ... er bearbeitet seine zeichnungen dann noch digital, was ihnen einen einmaligen touch vermittelt ... ich habe gar nicht gewusst welche kreative kraft dieser pragmatische mann an meiner seite entwickeln kann ... ich muss ehrlich gestehen , ich habe ihm das nicht zugetraut ... umso mehr freue ich mich darüber ...

zuerst waren die fotos und bilder nur in unserer wohnung, aber es war nur eine frage der zeit und franks bank trat an ihn heran, ob er nicht lust hätte seine bilder mal in deren räumlichkeiten auszustellen … nach anfänglichem zögern, hat er dann doch zugestimmt und so hatte er seine erste ausstellung … es war ganz schön stressig vierzig bilder einzurahmen und aufzuhängen …

doch es hat sich gelohnt… vielleicht nicht wirtschaftlich, doch ideell … denn die freude an der sache ist doch entscheidend … oder?

… bilder… bilder (Frank)

„Frank warum beginnst Du eigentlich nicht zu zeichnen, zu malen. Du kannst das doch so gut" Caro überraschte mich mit dieser Frage als ich gerade dabei war zur Vorbereitung eines Seminars einen sogenannten Flipchart zu zeichnen.

„Blödsinn" sagte ich „ich kann nicht zeichnen. Das sind alles nur Strichmännchen, die ich abmale. Ich bin ein miserabler Zeichner."

Caro sah mich verwundert an.

Zu Hause wieder sagte sie wieder „Versuch zu zeichnen." Also dann werde ich ihr beweisen, dass ich das nicht kann. Strichmännchen, Kritzeleien und mehr wurden zu Papier gebracht. Jedoch hat Caro nie etwas gesagt. Und schon gar nicht „Hör auf – Du kannst wirklich nicht zeichnen."

Das hätte ich eigentlich erwartet. Kam aber nicht.

Dafür kam etwas anderes. Meine Hände schienen sich ein wenig selbstständig zu machen und griffen fast automatisch immer zu Bleistift und Papier. Zeichneten, Radierten. Zerrissen.

Und irgendwann war eine erste Zeichnung da, auf der man sogar erkennen konnte, was sie darstellen sollte. „Siehst Du, Du kannst es …" Caro ermunterte mich.

Und damit fing es an. Es entstanden viele Zeichnungen, Porträts, Landschaften und mehr.

Zu Beginn habe ich sie noch digital überarbeitet, dann konnte ich auch darauf verzichten. Ich glaube ich kann es wirklich.

Natürlich nicht so wie die Profi's, wie die richtigen Künstler. Und die Bezeichnung Künstler wollte ich für mich schon gar nicht gelten lassen.

„Ich bin kein Künstler, maximal ein Handwerker, der Bleistift, Papier und Radiergummi als Werkzeug sieht und mehr nicht!" war meine Antwort auf Caro's Versuche aus mir einen Künstler zu machen.

„Nix da, Du bist ein Künstler, verdammt noch mal!"

„Ich bin ein Handwerker und basta!"

Stoff für stundenlange Diskussionen.

Dann kam die Malerei dazu und heute sitze ich in einer Privatgalerie. Die Büros, das Wohnzimmer sind voll mit meinen Bildern.

Eine Ausstellung und eine Vernissage schon hinter mir, einige für die Zukunft schon geplant.

Caro ist die Kustodin. Hängt Bilder, gestaltet, ordnet. Bringt Ideen.

Setzt ab und an den „Hammerblick" auf und ich weiß jetzt ist es soweit. Ich trotte ins Vorzimmer, hole aus dem Werkzeugschrank Hammer und Nägel und Caro sagt „Das dort … und das weg, dafür das dort …"

Also doch ein Handwerker.

Abbildung 17: Seelenfeuer

... was ist energie ... (caro)

diese frage ist nicht so einfach zu beantworten ... das ganze universum ist energie

der mensch ist ein energetisches wesen ... kann man energie sehen ... nein ... nur fühlen ... am besten wohl die abwesenheit...

denn da fühlt man sich schlapp, müde, ausgepowert ... wenn alles gut läuft, macht man sich über energie kaum gedanken ... durch meine jahrelange arbeit in krisen-und katastrophenmanagement habe ich immer wieder darüber nachgedacht wie ich meine persönliche energie wieder aufbauen kann, wenn ich mich sehr müde fühlte ... nichts kostet mehr kraft als eine soziale arbeit ... durch viele bücher und auch menschen, die mir in dieser hinsicht weitergeholfen haben, habe ich gelernt mit energien konstruktiv umzugehen...

nicht nur mit meiner eigenen, sondern bin auch in der lage mein wissen weiterzugeben ... im zuge unserer kuchltischgespräche kamen frank und ich zu dem entschluss meine energiekenntnisse in seine seminare einzubauen ... frank gab und gibt in seiner arbeit als unternehmensberater seminare für firmen wo deren mitarbeiter und mitarbeiterinnen in den verschiedensten wirtschaftlichen und verkaufstechnischen belangen geschult werden ... leider nahm bis dato die soziale komponente nur wenig raum ein in diesen veranstaltungen ...

gerade wo der druck auf die arbeitnehmer und arbeitnehmerinnen in der heutigen zeit immer grösser wird und so viele menschen nicht mehr damit zurechtkommen ... depressionen und burn-out-syndrom waren bei unseren vorfahren unbekannt ... heute ein teil des lebens ...

schneller als geplant konnten frank und ich einen pilotversuch durchführen und ein kombiniertes seminar einmal ausprobieren ... ein kunde von uns wollte für seine firma ein seminar buchen, wo die zusammengehörigkeit, heute teamgeist genannt, gefördert würde ... im wunderschönen ambiente einer pyramide ganz aus holz gebaut mitten im wald ... auf dem grundstück eines schlosses sollte das seminar stattfinden ...

die teilnehmer wohnten im alten gutshof ... frank und ich in der pyramide selbst ... es war ein schlüsselerlebnis für uns beide ... vor allem in beruflicher hinsicht ... frank führte die pragmatischen unterrichtseinheiten durch ... ich die energetischen ... meditationen, energieübungen, teamübungen ... alle waren mit freude dabei ... wir machten gemeinsam musik, mit zum teil selbstgemachten instrumenten und die tiere des waldes kamen um ihre nachtruhe ...zu guter letzt verbrannten wir gemeinsam wünsche am lagerfeuer und verstreuten die asche ... es war ein voller erfolg für alle beteiligten ... sie konnten vor allem eines mitnehmen ... energie lebt vor allem in und durch uns menschen ....

... was ist energie ... (Frank)

Ich bin ja durch und durch ein Pragmatiker, Wirtschaftler. Was sich nicht beweisen, berechnen lässt, das gibt es auch nicht.

Den Glauben an höhere Mächte schon in der Jugend verloren, wo ich erfahren konnte, dass es nur für die Guten einen Gott gibt. Und die Guten können alles tun, weil Gott alles verzeiht.

Die Bösen können dasselbe tun, aber Gott verzeiht ihnen nicht. Also habe ich beschlossen zu den Bösen zu konvertieren und meinen Wunsch Pfarrer zu werden – auch wegen einiger Erlebnisse, die mir als Gutem verwehrt gewesen wären – erstmal nicht umzusetzen. Weil als Guter du zwar Böses tust, musst aber immer sagen, du tust nur Gutes.

Dann lieber gleich so wie es ist. So meine Einstellung.

Dann kam irgendwann der Esoterik-Krampf auf, Kerzenlicht, Trommelklang, Urschrei. Kinderkram. Nur für einige unverbesserliche Weicheier. Nichts für mich.

Und dann saß da eine bei mir am Kuchl-Tisch und erzählt mir von Energie und Universum. Geheimen Mächten, die dir deine Wünsche erfüllen, wenn du nur daran glaubst.

Ja sicher. Klar. Aber nicht mit mir.

Ich liebe sie und so nahm ich es hin. Mit einem sehr skeptischen Ausdruck in meinen Augen.

Caro will mich nicht bekehren. Sie schildert nur ihre Sicht der Dinge, die Weisheiten ihres Lebens, die sie sich angeeignet hat.

Sie hat viel Leid gesehen – viel Leid selbst erlebt und hat ihre Kraft auf diesem Weg gefunden.

Und ich? Wo finde ich meine Kraft. Gute Frage. In meinem Büchern, meinen Formeln und Berechnungen? Naja, ich habe immer öfter das Gefühl, das zieht mich mehr runter. Gibt mir keine wirklichen Antworten auf meine Fragen nach dem Sinn.

Der langen Rede kurzer Sinn. Heute habe ich meine Meinung geändert. Ich glaube, dass einiges dran ist an diesen Dingen, die dir helfen deine Energie zu stärken.

Ich glaube mittlerweile an andere Mächte – an das Universum, das in uns allen ist, das uns hilft unsere Wünsche zu erfüllen, wenn wir nur richtig darum bitten.

Und an die Macht der Dankbarkeit. Für alles, was dir im Leben begegnet ist. Gutes oder Schlechtes. Schönes oder Hässliches.

Ich glaube an die Wirkung von Ritualen, ich glaube an die Macht von Gebeten. Zum dem „Gott" in mir.

Ich weiß um die Wirksamkeit von Visualisierungen. Heute habe ich eine Wunschtafel in meinem Büro hängen und tagtäglich betrachte ich sie und lese mir die Wünsche für unser künftiges Leben durch.

Wir lieben uns steht da. Wir wollen in Frieden leben. Wir wollen unser finanzielles Auskommen haben. Wir werden erfolgreich sein und einiges mehr.

Und komme ich morgens ins Büro so blicke ich als erstes auf meine Tafel. Und bin ich wieder einmal am Boden, dann hilft mir ein Blick auf unsere Tafel und es geht mir wieder besser.

Ich bekomme Energie und weiß ich kann alles erreichen. Das Universum ist mein unerschöpflicher Quell, der mir alle Wünsche erfüllt, wenn ich nur daran glaube. Mein Aladin aus der Lampe.

Und unter allem steht: DANKE für ALLES.

Das Universum hat mir meine Caro gesandt. Danke.

Abbildung 18: Geschafft

... wenn träume fliegen lernen ... (caro)

... ich habe einmal einen film gesehen mit jonny depp in der hauptrolle mit diesem titel ... dieser berichtet von träumen, die irgendwann einmal wirklichkeit werden, wenn man nur fest genug daran glaubt ... er hat mir sehr gefallen ... es gibt eine parallele zu meinem eigenen leben ... ich habe mir immer wieder einen seelenpartner gewünscht und nie aufgehört daran zu glauben ... jetzt bin ich sicher ihn gefunden zu haben ... frank ist mein seelenpartner ... lange jahre habe ich auf ihn gewartet ... viele emotionale täler habe ich durchwandern müssen, doch der weg hat sich gelohnt ... vielleicht habe ich die menschliche reife gebraucht, um diese, unsere beziehung auch richtig einschätzen und vor allem auch leben zu können...

dafür bin ich unendlich dankbar ... frank ist alles , was ich mir immer von einem partner erträumt habe ... ein liebevoller, zärtlicher mann, belesen und kultiviert, sozial in seiner lebenseinstellung, liebt wie ich die natur ... alle probleme werden ausdiskutiert ... es fallen keine bösen worte ... wir gehen sorgsam mit unserer liebe um ... er ist mein bester freund, mit dem ich alles besprechen kann und mein papa, der mich tröstet, wenn ich traurig bin ... der meine liebe zu märchen und geschichten teilt und jeden tag eine geschichte liest für mich zum einschlafen, das ich als kind so vermisst habe...

der auch versteht, dass ich ein einhorn als mein krafttier erkoren habe und das mich seit ich ein kleines mädchen war begleitet hat ... das würde einen anderen mann nur ein müdes lächeln kosten ... er liebt und schätzt mich als mensch und holt das beste aus mir heraus...

er teilt mein leben und liebt meine kinder, als wären es die seinen ... meine träume haben fliegen gelernt und sind genau zu dem mann geflogen, der zu mir gehört ... ..

... wenn träume fliegen lernen ... (Frank)

Wenn Caro schreibt, sie habe ihren Seelenpartner gefunden, so trifft dies auch auf mich zu. Allerdings glaubte ich lange so jemand nicht zu brauchen oder zu wollen.

Aber das Universum hat es anders mit mir vorgehabt.

Und wenn ich an die Entwicklung der letzten Jahre denke, so weiß ich heute, dass vieles passieren musste, damit ich heute hier sitzen kann und mit voller Überzeugung schreibe, auch ich habe meinen Seelenpartner gefunden.

Mir gefällt der Vergleich von zwei Eisenbahnschienen, die lange Zeit parallel verlaufen. Aber ganz in der Ferne am Horizont begegnen sie sich und gehen einen gemeinsamen Weg.

Caro's und mein Leben sind lange so parallel verlaufen und hatten keine sichtbare Verbindung. Aber der Weg war bestimmt und dann haben wir uns getroffen. Danke.

Abbildung 19: Verbindung

... auf zum standesamt ... (caro)

... nun ist es soweit ... die frau, nämlich ich, die nie mehr heiraten wollte und der mann, für den ehe ein fremdwort war, das er aus seinem wörterbuch des lebens gestrichen hatte, beschlossen zum standesamt zu gehen ... sie haben richtig gelesen ... wir wollten unsere beziehung legalisieren ... dass klingt alles so trivial ... in wirklichkeit war und ist es die besiegelung einer großen liebe durch ein dokument, das uns jetzt auch vor der welt als ehepaar darstellt...

nicht dass dies ein unterschied wäre zu unserem leben bisher ... nein, nur mein name ist ein anderer ... an einem wunderschönen herbsttag gingen frank und ich ... flankiert von meiner tochter und deren mann zum standesamt ... nach fünfzehn minuten war alles vorbei und ich war eine ehrbare frau, wie man so schön sagt und mein mann darf mich ganz offiziell in sein leben einladen ... nach der standesamtlichen trauung gingen wir zu unserem lieblingsgriechen und ließen uns nach strich und faden verwöhnen mit allem was die küche zu bieten hatte ... kaffee und kuchen tranken wir gemütlich dann in unserer wohnung ... mit sekt stießen wir mit meinem töchterlein an und nun sind wir ein ehepaar ... un- glaublich ... oder ????????

... auf zum standesamt ... (Frank)

„Ich will Dich lieben und ehren und Dir die Treue halten in guten und in schlechten Tagen"

Nie und nimmer wollte ich diese Worte nochmals sprechen. Zwei gescheiterte Ehen sind genug. So meine Einstellung.

Sechs Monate nachdem wir uns kennengelernt hatten, gaben wir uns auf dem Standesamt das JA-Wort.

Und ich bin der glücklichste und stolzeste Mann der Erde.

Danke.

Ich liebe Dich meine Caro!

Abbildung 20: Blumenfeuerwerk

... epilog ...

... nun ... dies ist das ende des ersten teiles unserer geschichte und wenn sie gehofft haben, wir müssten uns doch endlich auch mal streiten, dann haben sie falsch gehofft ... wir haben uns bis dato nicht gestritten und wir lieben einander immer noch ... genau aus diesem grund werde ich unsere geschichte weiterschreiben ... vielleicht gibt es doch noch zoff ... eines tages ... vielleicht auch nicht ... also auf in die zweite runde